Alexander Conze

Römische Bildwerke einheimischen Fundorts in Österreich

Alexander Conze

Römische Bildwerke einheimischen Fundorts in Österreich

ISBN/EAN: 9783743405578

Hergestellt in Europa, USA, Kanada, Australien, Japan

Cover: Foto ©ninafisch / pixelio.de

Manufactured and distributed by brebook publishing software (www.brebook.com)

Alexander Conze

Römische Bildwerke einheimischen Fundorts in Österreich

RÖMISCHE BILDWERKE

EINHEIMISCHEN FUNDORTS IN ÖSTERREICH.

HERAUSGEGEBEN

VON

ALEXANDER CONZE.

I. HEFT.

DREI SARKOPHAGE AUS SALONA.

MIT TAFEL I—IV.

VORGELEGT IN DER SITZUNG AM 15. MAI 1872.

WIEN, 1872.
IN COMMISSION BEI KARL GEROLD'S SOHN
BUCHHÄNDLER DER KAIS. AKADEMIE DER WISSENSCHAFTEN

SEPARATABDRUCK AUS DEM XXII. BANDE DER DENKSCHRIFTEN DER PHILOSOPHISCH-HISTORISCHEN CLASSE
DER KAISERLICHEN AKADEMIE DER WISSENSCHAFTEN.

Druck von Adolf Holzhausen in Wien
k. k. Universitäts-Buchdruckerei

Vorbericht.

Die Provinzen Österreichs, welche einst zum römischen Reiche gehörten, bewahren eine Menge von Überresten jener Vorzeit. Mich an dem Studium derselben zu betheiligen, stand bei mir gleich bei der Annahme eines Lehramtes für klassische Archaeologie an der Wiener Universität fest. Das hohe k. k. Ministerium für Cultus und Unterricht setzte mich schon im Jahre 1869 in den Stand, hiermit zu beginnen. Ich bereiste damals zuerst Steiermark und sah sofort, wie viel nach mannigfachen verdienstvollen Bemühungen immer noch zu thun sei. Es bildete sich rasch der Plan, diejenigen römischen Bildwerke einheimischen Fundortes in Österreich, welche bisher wissenschaftlicher Benutzung nicht hinreichend zugänglich gemacht sind, in guten Zeichnungen oder anderen Aufnahmen zu sammeln, herauszugeben und, soviel wie möglich, zu erklären. Die philosophisch-historische Classe der kais. Akademie der Wissenschaften machte es durch Beschluss vom 21. Juli 1871 möglich, das Werk zu beginnen. Zuerst wurden in Steiermark etwa vierzig Sculpturüberreste gezeichnet. Inzwischen besuchte ich wiederum mit Unterstützung des hohen Ministeriums namentlich Dalmatien und wurde hier auf Sculpturen aufmerksam gemacht, welche hinreichend wichtig erschienen, um sie mit Zurücksetzung alles übrigen mir bisher bekannt Gewordenen sofort herauszugeben. Sie bilden dieses erste Heft einer Publication, die ebenso heftweise fortgesetzt werden soll. Die Anordnung wird sich auch künftig an die Fundorte und, was meistens wenigstens nahezu damit zusammenfällt, an die Aufbewahrungsorte halten. Ein zweites und drittes Heft werden voraussichtlich auch noch aus den reichen Vorräthen, welche Salona und das Museum zu Spalato bieten, schöpfen; die Überreste aus anderen Provinzen werden nachfolgen. Ich fasse ausschliesslich die Bildwerke ins Auge. An den römischen Inschriften Österreichs ist zumal in letzter Hand durch Th. Mommsen für das Corpus inscriptionum latinarum, dessen neuesterschienener Band (V, 1. Berlin 1872) bereits einen Theil derselben enthält, die Hauptarbeit gethan, für den Epigraphiker ein Ausgangspunkt für das Weiterarbeiten gesichert. Wie mit den Schlacken, welche alter Bergbau liegen liess, sich oft noch gewinnbringende Ausbeutung vornehmen lässt, so darf der Archaeolog getrost, was der Epigraphiker liegen lassen musste, nachträglich aufsammeln, ohne zu fürchten, etwas Unnützes zu thun. Auch dafür wird die epigraphische Arbeit vielfach als Vorarbeit sich höchst förderlich erweisen und wiederum werden durch die Bildwerke die Zeugnisse der Inschriften in manchen Punkten erst völliger abgerundet werden; möge auch an die Arbeit, welche die römischen Architecturreste Österreichs hie und da noch erwarten, bald Hand gelegt werden und damit die gesammte Denkmälerwelt von Ländern, die in der römischen Kaiserzeit eine hohe Wichtigkeit hatten, immer klarer uns vor Augen gestellt werden.

Die drei Sarkophage, welche auf Tafel I - IV nach Photographien gestochen sind, wurden in Salona gefunden und zwar zwei (Taf. I - III), welche jetzt im Museum zu Spalato sich befinden, jedenfalls, der dritte (Taf. IV), welcher sich jetzt in Fiume im Besitze des Herrn von Ciotta befindet, vielleicht auch, an einer und derselben Stelle ausserhalb der nördlichen Ringmauer der alten Stadt, in etwa östlicher Richtung nicht weit von der Kapelle S. Doimo entfernt.[1]

Als ich im Frühjahre 1871 in Gesellschaft Dr. W. Bodes Spalato besuchte, begleitete uns Gymnasialprofessor M. Glavinić aus Spalato, in dessen Hände der kais. Conservator und Museumsdirector Dr. Fr. Lanza die Fürsorge für Museum und Alterthümer namentlich in den Zeiten seiner Abwesenheit von Spalato gelegt hatte, nach Salona und zeigte uns die längst bekannten, sowie einzelne neuerlich gefundene Alterthümer. Dabei kamen wir denn auch an jene Stelle in der Nähe der Capelle S. Doimo, wo der grundbesitzende Bauer schon vor einigen Jahren, so hiess es, auf drei Marmor-Sarkophage mit Sculpturen gestossen war. Nur einer wurde damals bald ganz freigelegt. Eine Zeichnung seiner Sculpturen glaubt Glavinić an Th. Mommsen geschickt zu haben; sie ist jetzt nicht mehr aufzufinden gewesen und leider wusste mir auch Niemand anzugeben, welche Darstellung dieser Sarkophag gehabt habe. Als wir den Ort besuchten, war dieser Sarkophag bereits gänzlich verschwunden, der Besitzer des Grundstücks inzwischen verstorben, weitere Auskunft über den Verbleib des Sarkophages nicht zu erlangen. Es ist nur meine Vermuthung, dass der Sarkophag, dessen Trümmer Herr von Ciotta, ohne genauer die Stelle angeben zu können, persönlich vor wenigen Jahren von einem Bauer in Salona, wo die Stücke erst aus der Erde geholt wurden, ankaufte, um sie dann in seinem Garten in Fiume aufzustellen, dieser dritte sonst verschwundene Sarkophag war. Dem Bauer wird dann die Steinmasse zu gross gewesen sein, um den Sarkophag ganz aus der Erde zu bringen, er wird es ausführbarer gefunden haben, ihn zu zerschlagen und stückweise zum Verkaufe hervorzuholen. Die zwei andern Sarkophage fanden wir in einer ziemlich grossen, offen gelassenen Grube nur theilweise freigelegt. Von dem einen (Taf. I) war der Deckel herabgeworfen, gewiss um nach kostbarem Inhalte zu spüren, auch bei dem andern (Taf. II und III), war der Deckel, dessen gewaltiges Gewicht nicht mehr erlaubt hatte, wenigstens gehoben. Von der Reliefvorderseite des einen Sarkophags (Taf. I) war nur die Ecke links mit den Obertheilen der ersten drei

---

[1] Vorläufige Nachrichten gab ich in der Zeitschrift für bildende Kunst (VII, 1872, S. 65 f, S. 259 f). ebensolche Mittheilungen machte Glavinić in der archaeologischen Gesellschaft zu Berlin am 5. März d. J., endlich berichtete über den Fund aus eigener Anschauung Dumont in der Revue archéologique 1872, S. 118 ff

oder vier Figuren frei. Schnell mehr freizulegen, hinderte der kolossale Sarkophag (Taf. II und III), der hart davor stand; doch war es leicht aus dem sichtbaren Stücke zu erkennen, dass die Darstellung dem Mythos von Phaedra und Hippolytos angehören müsse. Der Marmor erschien weissglänzend, der ganze Zustand des Reliefs, wie sich auch weiter bewährt hat, wohlerhalten. Nur der dritte Kopf von links, der beim Ausgraben auch vorhanden gewesen war, war inzwischen abgeschlagen und fortgebracht; bisher ist es nicht gelungen, ihm wieder auf die Spur zu kommen. Von dem kolossalen Sarkophage (Taf. II und III) war bei unserem Besuche nur die eine Schmalseite mit dem ‚Todesgenius' frei. Gleich mehr freizulegen war nicht wohl möglich, auch nicht rathsam, wie der abgeschlagene Kopf des Hippolytosreliefs warnend zeigte, wenn doch der Sarkophag vorläufig hätte stehen bleiben müssen. So blieb uns die Bedeutung dieses Sarkophags damals verborgen.

Nach meiner Rückkehr nach Wien verfügte auf erstatteten Bericht das hohe Ministerium für Cultus und Unterricht sofort die Geldmittel zum Ankaufe des Hippolytos-Sarkophages und zu dessen Transporte in das Museum zu Spalato, dann, als bei völliger Freilegung die Vorderseite des Kolossalsarkophags (Taf. II) sichtbar geworden und damit der christliche Ursprung und eigenthümliche Werth desselben sich zu erkennen gegeben hatte, ebenfalls die Mittel diesen Sarkophag in gleicher Weise zu bewahren. Dr. Rossignoli in Spalato, in dessen Eigenthum die beiden Sarkophage, so wie sie in der Erde steckten, schon vor geraumer Zeit übergegangen waren, liess sich beim Ankaufe für das Museum seiner Heimatsstadt dieser zu Liebe entgegenkommend finden; Professor Glavinić war eifriger Vermittler, aber das grösste Verdienst nicht nur der in vieler Beziehung schon an sich schwierigen Hebung und des nur sehr mühsam zu bewerkstelligenden Transports,[1] sondern auch der ungeschmälerten Erhaltung der Sarkophage für das Museum gebührt dem an der Spitze einer Abtheilung des k. k. Militärs mit der Ausgrabung betrauten Oberlieutenant vom 12. Festungsartillerie-Bataillon Joseph Reiter, Commandanten der Bergfestung Klissa. So gingen, nachdem Professor Glavinić vor Bergung des christlichen Sarkophags hatte abreisen müssen, bei Lieutenant Reiters Umsicht und Fertigkeit die verschiedenen Hemmnisse ohne dauernden Schaden vorüber, mit welchen in fast unbegreiflicher Weise Dr. Fr. Lanza seine Thätigkeit als Museumsdirector zu beschliessen für gut fand.

Die Stellung, in welcher die beiden Sarkophage sich neben einander befanden, gibt folgendes Schema aus dem Ausgrabungsberichte von Glavinić an:

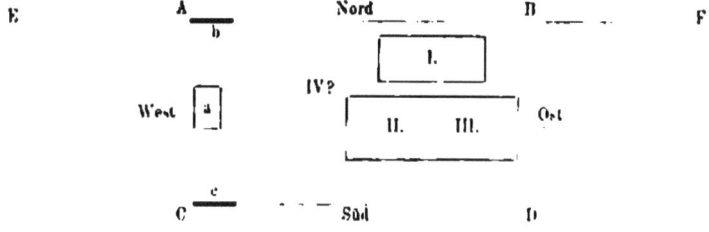

---

[1] Einzelheiten sind mitgetheilt in meinen Nachrichten in der Zeitschr. für bild. Kunst a. a. O.

ABCD bis auf die Tiefe von 3,75, in einer Länge von 7,07 und einer Breite von 3,35 Meter ausgegrabener Raum.
  I. Hippolytos-Sarkophag (Taf. I).
  II. III. Christlicher Sarkophag (Taf. II. III).
  IV? Platz des dritten Sarkophags, dessen Überreste vielleicht im Ciottaschen Besitze in Fiume sich befinden (Taf. IV?).

EF so weit wurde eine 0,80 Meter dicke, alte Mauer bis zu einer Länge von 19,35 Meter aufgedeckt; man grub hierbei aber ausserhalb ABCD nur etwa 0,50 Meter tief. CD eine zweite alte Mauer.

a b c drei kleine Sarkophage von einheimischem Stein ohne Bild und Schrift, zwei davon in die Mauern EABF und CD vermauert.

Eine umschliessende Kammer hat sich bei der Ausgrabung nicht gefunden, nur die beiden Mauern, von denen ich zumal in Ermangelung eigener Anschauung nicht sagen kann, ob sie beide älter oder jünger als die Aufstellung der Sarkophage sind. Mit seiner unverzierten Rückseite stand der Hippolytos-Sarkophag, wie das Schema oben zeigt, gegen die Mauer EABF, wiederum mit seiner unverzierten Rückseite ziemlich hart gegen die Vorderseite des Hippolytossarkophags gestellt, fand sich der christliche Sarkophag. Der letztere scheint also später als der erstere an seinen Platz gekommen zu sein. An dem christlichen Sarkophage ist die Seite, welche nach Osten stand, wie wir sehen werden, im Bildwerke ausgezeichnet, trägt, wie wir ebenfalls sehen werden, Spuren eines lebhafteren Verkehrs in einer Menge von kleinen Beschädigungen auch gerade auf der ostwärts gewandten Seite und beide Sarkophage sind von oben dieser Seite her gewaltsam durchbrochen. Sie waren in Folge dessen auch beide leer, nur einige recht gut erhaltene Knochen wurden in dem christlichen Sarkophage vorgefunden, der sonst ganz mit feiner Schlammerde gefüllt war, bei deren Hinwegräumung das Innere der Länge nach durch eine kaum drei Zoll dicke Mauer in zwei Theile, also für zwei Leichen, sich geschieden zeigte. Im Inneren des Hippolytos-Sarkophages wurde dagegen eine dunkelfarbige, an den beiden Langseiten von Osten nach Westen schräg abwärts verlaufende gemalte Linie bemerkt, die offenbar einer westwärts gegen die Füsse hin leise geneigten Legung der Leiche entsprochen haben muss.

Ich gehe zur Besprechung der einzelnen Sarkophage über.

Von dem Sarkophage mit der Reliefdarstellung aus dem Mythos der Phaedra und des Hippolytos ist auf Tafel I eine Gesammtvorderansicht, ebenso zwei Gesammtseitenansichten und oben noch ein Mal grösser die Ansicht des Hauptreliefs gegeben. Der Sarkophag misst 2.40 Meter in der Länge, 0,94 Meter in der Breite und 1,55 Meter in der Höhe,[1] ist von weissem grobkörnigen Marmor gearbeitet, das Relief auf der Vorderseite sehr hoch erhaben, die Reliefs seitwärts flach und nur äusserst roh angelegt. Der Deckel ist von anderer Marmorart und ebenfalls im Vergleiche mit den Reliefs der Vorderseite von sehr schlechter Arbeit. Diese Verschiedenheit der Arbeit geht über das gewöhliche Maass der Verschiedenheit sorgfältiger und minder sorgfältiger Arbeit auf Vorder- und Neben- und Rückseiten von Sarkophagen hinaus. Sie ist hier bezeichnend für die Entstehungszeit des Sarkophags, die man gewiss bis in den Anfang des vierten

---

[1] Nach den Messungen des Interimistischen Directors des Museums in Spalato (Havanni Devič. Dumont gibt etwas abweichende Ziffern. Es genügt jedenfalls annähernd genau die Grösse zu kennen.

Jahrhunderts n. Chr. hinabsetzen kann.[1] Die, wie wir bemerkten, spätere Aufstellung des christlichen Sarkophags, als schon der Hippolytos-Sarkophag stand, kann sehr wohl eine nur wenig spätere sein; beide Sarkophage sind, wie die Besprechung des christlichen Sarkophags weiter ergeben muss, zu einander nicht sehr fernliegenden Zeiten gemacht, vielleicht nahezu gleichzeitig. Wo sich der Arbeiter bei dem Relief der Vorderseite an ein gutes älteres Vorbild mit einiger Bemühung hielt, verräth sich zwar auch immerhin schon in der Technik z. B. der nur gebohrten Haare und Gewandfalten, in allerlei etwas verunglückten Formen, wie z. B. denen des einen Hundes, das gesunkene Können, dieses tritt aber in seiner ganzen Nacktheit an den Nebenseiten, wo auf die Nachbildung eines Musters weniger Sorgfalt verwendet wurde, hervor. Der Deckel kann ausserdem, worauf auch die verschiedene Steinart führt, von ganz anderer Hand sein. Bemerkenswerth ist eine Einzelheit. Die misslungenste Form auf dem Relief der Vorderseite ist jedenfalls das linke Vorderbein des Pferdes; das ist ganz einer Art mit dem jämmerlichen rechten Pferdevorderbeine der einen Nebenseite. Und gerade hier lässt sich, wie wir sehen werden, wahrscheinlich machen, dass der Arbeiter dieses Pferdebein in seinem Muster für das Relief der Vorderseite nicht vorfand, es aus eigenem Vermögen oder Unvermögen hinzuthat. Für die in ihrer annähernden Richtigkeit gewiss nicht anzuzweifelnde Zeitbestimmung sind auch noch die kurzen Proportionen der Figuren, ganz wie an den Sculpturen der Constantinischen Zeit, in Anschlag zu bringen. Wir werden nachweisen können, wie die Composition ursprünglich mit anderen, schlankeren Proportionen existirte.

Die Erhaltung des Sarkophags ist verhältnissmässig gut. Abgesehen von den sehr mitgenommenen Deckelfiguren, die aller Wahrscheinlichkeit nach bei allmäliger Verschüttung des Sarkophags am längsten über der Erde aller Unbill ausgesetzt blieben, sind die stärksten Verletzungen bei der ersten und letzten Beraubung zugefügt, bei der ersten, als es dem Inhalte des damals gewiss noch nicht verschütteten Sarkophags galt, der Deckel aber zu schwer zu heben war und deshalb auf der einen Nebenseite eingebrochen wurde, bei der letzten, als, wie erzählt, der Sarkophag so lange theilweise freigelegt liegen blieb und der jetzt fehlende Kopf des Vorderreliefs einen Liebhaber fand. Sonst sind nur die Gesichter ein wenig verstossen und die zwei Lanzen, auch der Schwanz des einen Hundes, soweit diese Theile rundherum frei aus dem Marmor herausgearbeitet waren, beschädigt, dazu bei der zweiten Figur von rechts die linke Hand und von der rechten Hand die zwei im bekannten Redegestus erhobenen Finger abgebrochen.

Auf dem Deckel sind trotz der argen Verstümmelung und der Rohheit, mit der namentlich die Rückseite der Figuren ganz unbearbeitet gelassen wurde, die beiden mit aufgestütztem linken Arme gelagerten Gestalten von Mann und Frau nicht zu verkennen, er mit einer Rolle in der Linken, sie mit dem Kranze in der Rechten, den gewohnten Abzeichen männlicher und weiblicher Verstorbenen. An den Ecken der Vorderseite des Deckels, die sich akroterienartig erheben, ist zu Häupten der Verstorbenen, wie es scheint, der bekannte Knabe mit gesenkter Fackel, zu Füssen ein anderer lebhafter bewegter Knabe oder Eros angebracht, beide Figürchen jetzt ziemlich verstümmelt.

[1] Dumont a. a. O. S. 119 „Le travail est tout au plus du temps des Antonins".

Das Relief der Hauptseite ist die, wie wir schon betonten, späte und ungeschickte, wenn auch bis zu einem gewissen Grade noch mit Sorgfalt gemachte Copie einer Composition, von welcher wir, wie Heydemann[1] bereits Gelegenheit genommen hat zu bemerken, noch eine zweite Copie auf einem Sarkophage besitzen, der al Chiarone, der früheren Zollstation an der Strasse zwischen Civita vecchia und Livorno, eine halbe Miglie jenseit der früheren Grenze des Kirchenstaats in Toskana gefunden, erst der Campana'schen Sammlung angehörte, jetzt im Louvre sich befindet. Dieser Pariser Sarkophag ist abgebildet in den Mon. in. dell' inst. di corr. arch. vol. VIII. tav. xxxviii, 1 und von Hugo Hinck in den Ann. dell'inst. 1867 S. 115 ff. erklärt. Er ist weit besser gearbeitet („rimarchevole per la bontà del lavoro" Hinck) als das neue Exemplar von Salona. Schon die technische Herstellung der Haare und der Gewandfalten ist auffallend besser, die vorgebeugte Alte mit dem Kopftuche ist wirklich charakteristisch wahr in ihrer Bewegung und Körperbildung, wovon auf dem Salonitaner Exemplare unter Mitwirkung eines besonderen, noch näher zu erwähnenden Umstandes Nichts geblieben ist. Jener Sarkophag im Louvre ist nach allen Diesem vermuthlich reichlich ein Jahrhundert früher entstanden und für die Verschiedenheit der Entstehungszeit ist namentlich noch die Verschiedenheit in den Proportionen der Figuren, von welcher schon die Rede war, beachtenswerth. Das Exemplar im Louvre, das ich fortan mit A bezeichne, bewahrt die schlanken spätgriechischen, Lysippischen Proportionen, unser Exemplar aus Salona, das ich mit B bezeichnen will, zeigt an deren Stelle die kurzen, plumperen Verhältnisse Constantinischer Monumente wenigstens bei den stehenden Figuren. Hiermit hängt es, wie man leicht sieht, zusammen, dass die beiden sitzenden Figuren auf B die Untersätze unter ihren Sitzen, welche sie auf A haben, verloren haben, dabei aber doch in gleicher Kopfhöhe mit den stehenden Figuren geblieben sind.

Vergleichen wir weiter die beiden vielleicht ein Jahrhundert oder mehr auseinanderliegenden Copien, so ergeben sich eine Menge kleiner, aber im Einzelnen unwesentlicher Abweichungen, so in der Gewandung der Figur 1 von links, in dem Spiegel unter dem Stuhle der Phaedra auf B, der auf A fehlt, in dem unteren Theile der Gewandung der Phaedra, in der Wendung des Pferdekopfes, in der Beschuhung oder dem nackten Fusse des Pferdeführers, in der Unbärtigkeit und Bärtigkeit der Figur 2 von rechts, der Haltung der linken Hand bei Figur 1 von rechts, um nur Einiges von dem, was Heydemann vollständiger aufzählt, beispielsweise anzuführen. Einige solche Kleinigkeiten, wie die Form des Stuhles der Phaedra, die des Pferdegeschirrs können auf B ziemlich sicher als späterem Geschmack entstammende Umänderungen gelten. Wichtiger für die Beurtheilung der beiden Copien und um der Hauptsache, des Rückschlusses auf das Original, willen ist etwas Anderes. Der Sarkophag A ist ungewöhnlich kurz, seine Höhe verhält sich zur Länge etwa wie 1 zu 2, während bei B das Verhältniss mehr wie 1 zu 2½ ist. Hiermit ist es in Verbindung zu bringen, dass auf A sich eine menschliche Figur (auf B Figur 4 von links) und auch ein Hund weniger findet, als auf B und dass gerade an der Stelle, wo die menschliche Figur auf A fehlt, auch der Oberschenkel der Phaedra und der rechte Arm des an ihr Knie gelehnten Eros übermässig verkürzt sind. Schon hieran kann man sehen, dass die Figur B 4 von links auf dem directen oder indirecten Vorbilde von A auch vorhanden war, aus Raumnoth auf A weggelassen wurde

---

[1] Archaeol. Zeitung 1872, S. 160 f.

und dass B, obwohl eine spätere und schlechtere Copie uns hier also die ursprüngliche Composition vollständiger erhalten hat. Dafür und dass auch der zweite Hund auf B dem Originale gehörte, spricht noch Eins: der Arbeiter von B war nicht im Stande, so Etwas hinzuzusetzen. Der eine auf A auch vorhandene Hund ist ihm sogar beim einfachen Copiren arg missglückt und früher machte ich schon darauf aufmerksam, wie er sein Unvermögen, selbst Etwas zu bilden, in dem linken Pferdevorderbeine mehr als nur verräth. Ich mache jetzt erst dafür, dass er dieses Pferdebein in seinem Vorbilde vermuthlich nicht sah, geltend, dass es auch auf A fehlt. Die bei verschiedenen Wiederholungen einer Composition auf Sarkophagen mehrfach sich einstellende und nicht immer ganz leicht zu beantwortende Frage, ob in der Erscheinung, dass dem einen Exemplare Figuren fehlen, welche ein anderes Exemplar aufweist, eine Auslassung auf der einen oder ein Zusatz auf der anderen Seite vorliege, ist hier aus der Individualität der beiden Copien ganz bestimmt zu beantworten. Bei A drängte die ungewöhnliche Kürze des Sarkophags, vielleicht nur durch einen Marmorblock, der verwerthet werden sollte, veranlasst, zur Kürzung der Composition, und wir sehen sogar noch obendrein die Fuge des Ausschnittes und der Zusammenrückung an der Verunstaltung der Phaedra und des Eros; bei B dagegen macht die, wie in der ganzen Arbeit, so in dem eigenen Zusatze des Pferdebeines auf das stärkste documentirte Unfähigkeit des Arbeiters die Annahme eigenen Zusatzes von Figuren, welche um Nichts schlechter sind als die übrigen, unmöglich. Dieses Resultat lässt sich endlich noch durch eine Prüfung der Kunstform der gesammten Composition, wie sie auf B und wie sie dagegen auf A erscheint, als richtig erproben. Die Composition zerfällt in drei Theile, die Handlung in drei Scenen; in jedem Theile, wie in jeder Scene dominirt eine Figur. Im Schema der so getheilten Composition ist die auf A fehlende, auf B vorhandene weibliche Figur ein wesentliches Stück, ihr Fehlen zerstört die unverkennbar im Geiste der besten derartigen antiken Compositionen geordnete Responsion der Formen, welche ich, um viele Worte zu sparen, in folgende Zeichen zu fassen suche, bei deren Erwägung man noch auf manche weder in Worte noch in Zeichen zu fassende Feinheiten der in sich wirklich sehr vollendet durchgebildeten Composition, die wie ein regelmässiges und doch höchst frei bewegtes Ornament aus lebenden Gestalten zusammengesetzt ist, aufmerksam werden wird.

Der Beurtheilung sind endlich noch die durch Zerstörung hervorgerufenen Verschiedenheiten von A und B zu unterwerfen. Hier ist nur ein Punkt von Bedeutung, über das Übrige ist kurz hinwegzugehen. B Figur 1 von links ergänzt durch den erhaltenen Kopf in aber auch ohne Das nicht zweifelhafter Weise, zumal da hier dieselbe Gruppe auf anderen, übrigens ganz anders componirten Phaedra-Sarkophagen noch hinzukommt, den verlorenen Kopf von A Figur 1 von links. A Figur 3 von links ergänzt dagegen in aber wiederum auch ohne Das unzweifelhafter Weise den verlorenen Kopf und linken Unterarm derselben Figur auf B. In ähnlich einfachster Weise kommen sich die Figuren 2 und 3 von rechts auf A und B in ihrem verschiedenen Zustande der Erhaltung zu Hilfe, ohne dass diese Hilfe von besonderem Werthe wäre. Figur 2 von rechts hat sowohl auf A, als auch auf B die beiden ausgestreckten Finger der rechten Hand eingebüsst; durch ihre Ergänzung ergibt sich der spätgriechische und römische

Redogestus.[1] Der bedeutendere Punkt, auf den ich vorher gleich hinwies, findet sich in der Mittelgruppe, an der Figur des Hippolytos selbst. Dessen rechter Arm ist auf B erhalten und hält vor der Brust das aus einigen Bildwerken der Hippolytos-Sage auch sonst bekannte[2] Diptychon, den Brief, in welchem ein Liebesgeständniss der Phaedra dem Hippolytos durch die Amme überbracht sein muss. Man begreift, dass gerade die Bildwerke diese Wendung der Überreichung eines Briefes statt mündlicher, sogar unbefugter Mittheilung der Liebesnoth durch die Amme gern aufnahmen, wenn auch eine Zartheit im Charakter der Phaedra, wie sie bei Euripides[3] ihre Liebe nicht gestehen, ja erst nicht einmal aussprechen will, dadurch verwischt wird. Für die bildende Kunst, zumal wie sie im späteren Alterthume nach einer gewissen Handgreiflichkeit der Situationen strebt, war sonst die durch die Amme mit oder ohne Auftrag von einer Dritten überbrachte Botschaft nicht leicht auszudrücken, während die Alte mit dem Briefe sofort als Zwischenträgerin unverkennbar gemacht ist. Es liegt am nächsten, und so entscheidet sich Heydemann, auch hier, wie in den übrigen angeführten Fällen, wo erhaltene Theile auf B verlorene auf A und umgekehrt uns ersetzen, den abgebrochenen Arm des Hippolytos auf A nach dem erhaltenen auf B in der Haltung und mit dem Diptychon in der Hand zu ergänzen und diesen Zug dann auch dem gemeinsamen Originale zuzuschreiben, doch fällt es bei dieser Annahme sehr auf, dass auf A auf der Brust des Hippolytos dann nicht irgend eine Spur des abgebrochenen Armes und Diptychons geblieben wäre. Ich entscheide mich deshalb dafür, dass Hinck, auch nachdem jetzt das Salonitaner Exemplar B auf den ersten Blick für etwas Anderes zu sprechen scheint, Recht behält, wenn er auf A den rechten abgebrochenen Arm des Hippolytos herabgestreckt und mit einer leisen Bewegung abwehrender Verwunderung der Hand, die kein Diptychon hielt, ergänzt. Wenn wir sonst also in dem, wenn auch jüngeren und schlechteren Exemplare B die bessere Bewahrung der Originalcomposition erkannten, so bildet das Diptychon in der Hand des Hippolytos als eine B eigenthümliche jüngere Umänderung und Zuthat davon eine Ausnahme. So entstand hier auch die Hässlichkeit der vier aneinander gereihten Unterarme erst auf B, die der ursprünglichen Composition nicht zuzutrauen ist. Bis hierher habe ich es verspart, von einer sehr handgreiflichen, noch weiteren Verschiedenheit zwischen den Figuren des Hippolytos und der Amme auf A und dagegen auf B zu sprechen. Die gefällige und lebendige Seitwärtswendung des Kopfes beim Hippolytos auf A ist auf B einem starren Gradeaussehen, die eine zuredende Alte so gut charakterisirende Vorbeugung mit zurückgestelltem Ellbogen bei der Amme auf A ist einer ausdruckslos steifen Gradeaufrichtung des Körpers derselben auf B gewichen. Hier kann gar keine Frage mehr sein, dass die Veränderung des Ursprünglichen auf Seite von B ist. Wir können aber noch dazu ganz bestimmt angeben, wodurch diese Umänderung herbeigeführt, was mit ihr beabsichtigt und erreicht wurde. Die Scene zwischen Hippolytos und der Amme ist gründlich durch die Veränderung auf B verdorben, dafür ist das Paar aber mit seiner Bewegung in diejenige

---

[1] Apulejus metam. II, 21 duobus intimis conclusis digitis ceteros emittens porrigit. Die zahlreichsten Beispiele liefern die unteritalischen Vasenbilder.
[2] O. Jahn archaeol. Beitr. S. 310 f.
[3] Bei Euripides kommt die Schreibtafel in ganz anderem Zusammenhange vor. Phaedra hinterlässt im Tode die Anklage gegen Hippolyt in einer Schreibtafel. Eine durchgehende directe Beziehung zur Euripideischen Tragödie ist in dem Sarkophag-Relief nicht bemerkbar.

Gruppirung gebracht, welche gegen das vierte Jahrhundert hin für die Bilder eines verstorbenen Paares typisch geworden war. Wie allgemein üblich dieser Typus des von vorn gesehenen Mannes, der links vom Beschauer sich zu ihm wendenden und die rechte Hand an seinen rechten Ellbogen legenden Frau, beide am häufigsten als Brustbilder in Medailloneinfassung gesetzt, um diese Zeit geworden war, darauf kann ich mich wohl einfach als auf etwas Bekanntes berufen. Man mache ihn sich, wenn nöthig, durch einen Blick etwa auf die ältest christlichen Sarkophage in Bosio's Werke lebendig, wie er zur Entstehungszeit des Salonitaner Sarkophages einem Jeden aus alltäglicher Anschauung lebendig sein musste, und man wird sofort sehen, wie Hippolytos und die Amme diesem Typus zu Liebe aus der auf A bewahrten Gestalt die Veränderung, wie sie auf B erscheint, erleiden mussten. In der That tragen denn auch ihre Köpfe und zwar auf dem ganzen Relief nur ihre Köpfe deutliche Portraitzüge, er eines frischen, wohlbeleibten jungen Mannes, sie deutlich einer alten Frau.¹ Ersetzt nicht auch das Diptychon in seiner Hand die gewöhnliche, dem Manne in den erwähnten typischen Gruppen in die Hand gegebene Schriftrolle?²

Bei diesem ganzen aus Sarkophagreliefs ja längst hinreichend bekannten Verfahren des Einschwärzens von Portraitbildern in die mythischen Scenen werden diese letzteren nur wie zu einer Redewendung zierlicher Einkleidung der Ehre des Verstorbenen. Einen jungen Verstorbenen als einen zweiten Hippolytos zu preisen, musste ja leicht passend erscheinen; auf den ursprünglichen Sinn der weiteren Darstellung legte man sichtlich wenig Gewicht, wenn man das Bild der getreuen, sei es Gattin oder, wie es hier eher aussieht, Mutter, an die Stelle der kupplerischen Amme setzen liess.

Wir haben hiermit die beiden Sarkophagreliefs A und B auf ihr gemeinsames Original hin und auf die Abweichungen, die von diesem bei beiden vorliegen, geprüft. Dieses Original unterscheidet sich als eine mit variirter Symmetrie in sich geschlossen durchgebildete Composition von den Reliefs aller übrigen bisher bekannten Phaedrasarkophage,³ die ohne eine solche künstlerische Gesammtdurchbildung der Composition meist nur, wie erzählend, eine Reihe von Scenen des mythischen Vorgangs nebeneinander setzen, während der wiederum der Composition seines Reliefs nach alleinstehende Sarkophag aus Salonichi⁴ nur in zwei Bildern die liebegetroffene Phaedra und den im Waidwerk lebenden Hippolytos einander gegenüberstellt. Von den drei Gruppen der Composition, welche wir in dem jetzt Pariser (A) und dem jetzt Spalatiner (B) Exemplare besitzen, wiederholt sich nur eine, diese aber den Hauptzügen nach so übereinstimmend auch auf den meisten übrigen Sarkophagen, dass für diese eine Gruppe wiederum nach der gemeinsamen Quelle gesucht werden muss. Es ist die Gruppe der zu einer Dienerin sich zurückwendend dasitzenden Phaedra, an deren Knien Eros lehnt. Es wird bei erneuter umfassender Behandlung sämmtlicher Kunstwerke aus der Phaedrasage, die ich hier

---

¹ Heydemann meint a. a. O. S. 161, alle Köpfe gäben mehr oder weniger Portraits wieder, am meisten die Gesichter des Hippolytos und der Kinderwärterin, welche ihm sogar Familienähnlichkeit zu haben schienen.
² Die Vorderansicht auf unserer Tafel macht das nicht deutlich, wol aber eine Ansicht des Kopfes mehr schräg von rechts.
³ Auf dem christlichen Sarkophage bei de Rossi Bull. di archeol. christ. 1866, S. 64 hält der Mann ein Diptychon statt der gewöhnlich vorkommenden Rolle.
⁴ O. Jahn archaeol. Beitr. S. 300 ff. Hinck Annali 1867, S. 110.
⁵ Erst jüngst richtig erklärt von Heydemann archaeol. Zeitung 1872, S. 157 f. Ein Fragment einer Replik befindet sich im grossherzoglichen Museum zu Weimar.

nicht unternehmen darf, zu prüfen sein, ob diese Gruppe nicht ursprünglich für sich als Gemälde entstand, für dessen Gesammtcharakter die Analogien in Pompeji z. B. unter den Adonisbildern sich finden. Dass die Sculptur in römischer Zeit malerische so gut wie plastische Vorbilder aufnahm und verarbeitete, wird ja beständig deutlicher.

Für die Erklärung der ganzen dreitheiligen Darstellung darf das, was Hinck über A ausführlicher dargelegt hat, auch für B gelten; in dem Hauptpunkte dient dabei die durch B gebotene klarere Einsicht in die vollständigere Form der Composition als festere Stütze.

Die erste der drei Abtheilungen, welche ich oben in schematischen Zeichen genau getrennt habe, stellt Phaedra unter ihren Frauen im Gemache dar. Der seelische Ausdruck des Liebesschmerzes ist in den Nachbildungen, wie sie uns vorliegen, ziemlich verloren gegangen. Eine Dienerin, zu der sie sich zurückwendet, und Eros, der an ihren Knien lehnt, reden ihr zu. Zwei andere Dienerinnen scheinen sich untereinander über das Unheil zu unterreden. Nur auf B liegt das Putzgeräth eines Spiegels unter dem Stuhle, wo auf anderen Reliefs, die, wie gesagt, diese erste Scene auch zeigen, der Arbeitskorb steht. Das Gemach ist in üblicher Weise durch einen Vorhang im Hintergrunde bezeichnet, der auf A wie auf B noch über die Amme der folgenden Scene hinausreicht.

Wenn gleich nicht wie jene erste Scene auch formell, so doch materiell kehrt die zweite, mittlere Scene, der Antrag, den die Amme dem Hippolytos macht, dessen Gefährten eben den Aufbruch zur Jagd rüsten, wie auf A und B auf anderen Sarkophagen wieder und bietet der Erklärung daher um so weniger Schwierigkeit.

Weder formell noch materiell kehrt dagegen auf anderen Darstellungen, als in der durch A und B vertretenen Composition deren dritter Theil wieder, Theseus, dem eine traurige Botschaft gebracht wird, mit seinen Hausgenossen, Pädagog und Wärterin mit einem Kinde auf dem Arme, die sich darüber unterhalten. Es ist sichtlich, dass der Urheber der Composition zu der Gruppe der Phaedra unter ihren Frauen, welche er fertig anderswoher entnahm, diese Scene der Botschaft an Theseus als Gegenglied der Composition hinzu erfand. Das Kind auf dem Arme der Wärterin soll gewiss, wie Hinck annimmt, eines der Phaedra sein, und bringt so den rührenden Zug der im Conflicte der Leidenschaft durchblickenden Mutterliebe, der auch bei Euripides nicht fehlt, in Erinnerung; formell entspricht das Kind, wie ich im Schema andeutete, dem Eros der Gegengruppe, etwa, um an ein Grösseres zu erinnern, wie der Eros auf der einen Seite der Göttergruppe des Parthenon-Frieses die Nike auf der andern aufwiegt. Was wird dem Theseus verkündet? Hinck sagt, der Tod des Hippolytos. Das Bildwerk selbst giebt keine bestimmte Antwort; aber dass der Künstler den in der Überlieferung des Mythos gebotenen, wenn auch sonst für bildliche Darstellung gerade nicht geeigneten und gesuchten Moment, welchen Hinck annimmt, benutzte, um seinen Hauptzweck der Abrundung der Composition zu erreichen, ist allerdings das Wahrscheinlichste.

Auf der einen Schmalseite des Sarkophags von Salona, linker Hand, anstossend an die Phaedra der Vorderseite, ist ein sitzender bärtiger Mann dargestellt, der in der linken Hand eine geöffnete Schriftrolle vor sich hin hält. Er gleicht in den wenigen Hauptzügen, in denen er überhaupt nur ausgearbeitet ist, so sehr dem Theseus der Vorderseite, dass, wie schon Glavinić, Heydemann und Dumont annahmen, eine Reminiszenz des Theseus, der im Briefe, welchen Phaedra im Tode hinterliess, die Anklage gegen Hippolytos liest, also entsprechend der euripideischen Scene, hier zu erkennen sein dürfte.

Auf der entgegengesetzten Schmalseite ist wiederum nur ganz aus dem Rohen ein stehender junger Mann, welcher sein Pferd am Zügel hält, ausgehauen. Seine Chlamys fällt über den linken Arm, die linke Hand hält den Speer, wie wir es bei dem Hippolytos im Hauptrelief sehen, und der mag dann auch von den vorher genannten drei Gelehrten mit Recht hier vorausgesetzt sein, nicht in einer bestimmten Handlung, sondern mit der Verallgemeinerung, welche auf den Nebenseiten von Sarkophagen nicht beispiellos ist, als rüstiger, reisiger Mann überhaupt.

Neben diesem Sarkophage, dessen Bildwerk weit zurück in den vollen Traditionen des hellenischen Mythos wurzelt, stand der grosse christliche Sarkophag, wie ich bemerkte, wohl später hingestellt, doch schwerlich durch eine lange Zeit von dem ersteren geschieden. Stilistische, technische Eigenthümlichkeit wies bei dem Hippolytos-Sarkophage gegen die konstantinische Zeit hin und die moralische Geschichte vom Hippolytos gehörte ja offenbar zu denen, welche wie das Sirenenabenteuer des Odysseus' im Bilde auch selbst vor christlichen Augen bestehen konnten.

Es trifft sich, dass noch ein Mal gerade ein Bildwerk aus der Hippolytos-Sage, da in einer Deckenmalerei, nahe bei ältestchristlichen und andrerseits bei Denkzeichen des mit dem Christenthume eine Zeit lang ringenden Mithras-Cultus sich vorgefunden hat.[1] Es geschah das bei der Aufdeckung der älteren Unterbauten unter der Kirche S. Clemente auf dem Esquilin in Rom. An ein römisches Gemach, in dem an der Decke das Hippolytos-Bild noch kenntlich geblieben war, anstossend, fand man da einerseits die älteste Clemenskirche, andererseits ein Mithras-Heiligthum. Christen und Mithrasdiener wechselten hier allem Anscheine nach bei den Wechselfällen der Duldung und Verfolgung der christlichen Lehre den Besitz.

Den neuen christlichen Sarkophag von Salona zeigt unsere Tafel II in der Voransicht, Tafel III in seinen beiden Seitenansichten. Das Material ist weisser Marmor. Er misst 2,44 Meter in der Länge, 1,34 Meter in der Breite und 2,38 Meter in der gesammten Höhe.[2]

Die Art der Arbeit unterscheidet sich wesentlich von der des Hippolytos-Sarkophags. Sie ist gleichmässiger, ohne den grellen Gegensatz leidlich gut copirten älteren Vorbildes und äussersten Sichgehenlassens in den Nebendingen. Es ist mehr ganz die Kunst der Entstehungszeit des Sarkophags selbst und zwar mit Aufwand und Bemühung, dabei nicht ohne Geschick zur Anwendung gebracht. Einzelne Hauptformen beruhen auch dabei freilich auf unveränderter älterer Tradition, die beiden Statuenbilder der Langseite, die Grabesthür und die Figur des ‚Todesgenius' auf den zwei Schmalseiten. Der

---

[1] De Rossi Roma sotterranea I. S. 344 f.
[2] De Rossi Bull. di archeol. christ. 1870, S. 151.
Auch hier gebe ich die Maasse nach den Messungen von Devié, während Dumonts Angaben ein wenig abweichen.

architektonische Theil spielt in den Zierformen eine grosse Rolle. Die Sorgfalt der Ausführung reicht übrigens nur, soweit der Sarkophag gesehen werden sollte. Die Rückseite blieb ganz leer, auf der Nebenseite links, die bei der Auffindung westwärts gerichtet war, zeigt das Bildwerk eine gewisse Leerheit im Vergleiche zur gegenüberstehenden Schmalseite und zur Langseite, auch ist das Ornament der Fussgliederung hier nur um die Ecke herum bis eben über die Mitte ausgeführt. Das Bild der Grabesthür auf der gegenüberstehenden Schmalseite macht diese schon allein zu einer Hauptseite und, dass der Sarkopag auch wirklich so stand, wie er im Bildwerke und in der Ausführung berechnet erscheint, sieht man sehr deutlich an der verschiedenen Erhaltung, namentlich der beiden Schmalseiten; die mit dem Bilde der Grabesthür ist wie vom Verkehre abgerieben, weniger muss schon die Langseite, am wenigsten die andere Schmalseite alltäglichen kleinen Beschädigungen ausgesetzt gewesen sein. Endlich ist dann auch von der der Aufstellung nach offenbar zugänglichsten Seite und zwar von derselben, wie am nebenstehenden Hippolytos-Sarkophage, von Plünderern der Sarkophag durchbrochen. Der Deckel muss, wie beim Hippolytos-Sarkophage bei allmäliger Verschüttung der Steinsärge am längsten frei geblieben sein, da er höher herausstand, als der Deckel jenes Nachbar-Sarkophags, noch länger als jener, und ist daher bis zur grössesten Unkenntlichkeit verstümmelt.

Der Sarkophag diente nach Grösse und innerer Einrichtung, wie schon Anfangs erwähnt wurde, für zwei Personen, Mann und Frau. Dieselben waren auf dem Deckel in gewohnter Weise liegend dargestellt; wie auf dem Deckel des Hippolytos-Sarkophags erkennt man in der rechten Hand der Frau noch den Kranz. Ausserdem erscheinen die Bilder der beiden Verstorbenen noch einmal im Relief der Langseite.

Die Fläche der Langseite ist in Relief reich architektonisch gegliedert und verziert, Alles in korinthisch-römischen Formen. Zwei in Windungen kannelirte Ecksäulen, denen auf den rückwärts gekehrten Ecken zwei senkrecht kannelirte Pilaster entsprechen, und die mit ihrem hohen Untersatze auf bunt ornamentirter Fussgliederung ruhen, tragen den zierlichen Architrav und das Gesims, auf dem der gewaltige Deckel mit hoch ansteigendem Giebel und massigen Eckakroterien aufliegt. Die Mitte der Langseite nimmt ein Einbau mit Bogenüberwölbung und Giebeldach ein, den zwei Säulchen von gleicher Form wie die Ecksäulen tragen. Auf den Eckakroterien dieses Mitteleinbaues sitzen zwei Pfauen, welche Guirlanden im Schnabel halten, die andererseits am Firstakroterion befestigt sind. An besonders ausgezeichneter Stelle unter diesem Einbau ist ein bärtiger[1] Hirt dargestellt, mit Schuhen und Gamaschen, Untergewand und Mantel, mit der Tasche an der linken Seite, welcher in eiliger Bewegung ein Schaf auf seinen Schultern fortträgt. Jederseits steht neben ihm noch ein Schaf und hinter demselben je ein Baum; es scheinen Eichbäume zu sein. Mit dieser allbekannten Darstellung des guten Hirten, des Lieblingstypus der altchristlichen Kunst,[2] den Constantin in seiner Hauptstadt öffentlich auf einem Brunnen errichten liess, ist dem Sarkophag der unzweideutige Stempel

---

[1] Meistens ist der „gute Hirt" unbärtig. Einige Beispiele bärtiger Bildung bei Münter Sinnbilder und Kunstvorstellungen der alten Christen Taf. 2. 35. 41.
[2] Die Ableitung aus einem hellenischen Typus kann als abgethan gelten. De Rossi Roma sotterranea I. S. 345.

christlichen Ursprungs aufgedrückt. Zur altchristlichen Bildersprache gehören schon seit dem dritten Jahrhundert' auch die Pfauen.²

Jederseits inmitten zwischen dem Mittelbau mit dem guten Hirten und den Ecksäulen ist im Reliefabbilde die Statue eines der beiden verstorbenen und im Sarkophage bestattet gewesenen Eheleute dargestellt. Rückwärts hinter jeder dieser beiden Figuren ist eine wieder von Säulen getragene Bogennische angegeben. Um die beiden Statuen der Verstorbenen drängt sich eine grosse Anzahl sichtlich lebend gedachter, kleinerer Figuren verschiedenen Lebensalters.

Sehr bestimmt wäre es abzuweisen, wollte man anstatt der beiden Eheleute³ etwa Maria mit dem Jesuskinde und ihr gegenüber vielleicht Joseph dargestellt glauben. Diese Personen der heiligen Geschichte kommen schon in christlichen Bildwerken vor, die älter sind als dieser Sarkophag, aber eine solche Gleichstellung des Joseph mit Maria, wie sie hier sich ergeben würde, ist für jene Zeit ebenso unwahrscheinlich, wie ein Joseph, der doch kein Schriftgelehrter war, mit einer Rolle in der Hand und gar, wie es hier vorhanden ist, einem ganzen Rollenbündel neben sich. Ich berufe mich hierfür gern auf ein Wort G. B. de Rossi's, der wie nicht leicht ein Zweiter das in Betracht kommende Material beherrscht. De Rossi sagt vom Joseph in der altchristlichen Kunst:⁴ „non ricordo avergli giammai veduto in mano il volume" und demgemäss erklärt er mit einleuchtender Auseinandersetzung gegen l'adre Garrucci in einem Wandgemälde im Coemeterium der Priscilla den Mann neben der Mutter mit dem Kinde, welcher eine Rolle hält und nach dem Sterne in der Höhe hinweist, nicht für Joseph, sondern für einen Propheten, etwa Jesaias, den Verkünder der Jungfrauengeburt und des Sterns. Auf dem Salonitaner Sarkophage sprechen ausserdem zu allem Überfluss die unverkennbaren Portraitzüge von Mann und Frau gegen jede andere Deutung der beiden statuarisch aufgestellten Figuren, als auf ein verstorbenes Ehepaar. Der Verstorbene macht, wie so oft auf spätrömischen, namentlich auch altchristlichen Sarkophagen, mit der rechten Hand den Redegestus mit vorgestreckten zwei Fingern, der, wie die oben so häufige Schriftrolle, die bestimmte, als ursprünglich freilich vorauszusetzende Bedeutung rhetorisch-literarischer Bildung längst gewiss nicht mehr in jedem einzelnen Falle hatte. Die Frau hält ein Kindchen im Arme; man würde glauben, sie reiche ihm die Brust, wenn die nicht vom Gewande bedeckt wäre. Die Portraits der Verstorbenen sind auf altchristlichen Sarkophagen nicht ungewöhnlich, meistens sind sie als Brustbilder in ein Medaillon gefasst, in die Mitte der Sarkophagseiten gesetzt; einmal⁵ aber befindet sich am nächsten der Anordnung des Salonitaner Sarkophags inmitten der Langseite das Bild des guten Hirten und gegen die beiden Enden hin ist die Frau mit einem Musikinstrumente von Angehörigen umgeben, gegenüber der Mann auch in Gesellschaft sitzend dargestellt.

---

¹ De Rossi Bullettino di archeologia christ. 1867, p. 81. Auf dem Sarkophage der Constantia Aringhi II, 69.
² Bosio Roma sotterranea S. 542. f. Münter Sinnbilder und Kunstvorstellungen der alten Christen S. 91 f. u. xxvi.
³ Die in Zara erscheinende Zeitung Il Nazionale vom 10. August 1872 (num. 64 supplemento) bringt eine keiner ausdrücklichen Widerlegung bedürftige Erklärung von Lanza, nach welcher anstatt der Verstorbenen eine allegorische Darstellung des Glaubens, anstatt der Verstorbenen eine gleiche Andeutung der Liebe, in dem guten Hirten endlich die Hoffnung zu erkennen sein soll.
⁴ Bull. di archeol. christ. 1866, S. 25.
⁵ Münter Sinnbilder der alten Christen Taf. 3, 61 nach Bottari I, p. 122.

Eigenthümlich ist auf dem neuen Sarkophage aber das Gedränge kleinerer Gestalten um die beiden Statuen her. Es kann nicht zufällig sein, dass auf Seiten der Frau nur Kinder, auf Seiten des Mannes dagegen Personen ganz verschiedenen Lebensalters und diese viel zahlreicher sich befinden. Auf Seiten der Frau sind im Ganzen vierzehn ältere und jüngere Kinder, wie es scheint, sechs Mädchen und acht Knaben, zu zählen, auf Seiten des Mannes im Ganzen gerade noch ein Mal so viel, vierzehn männlichen und vierzehn weiblichen Geschlechtes. Auch kann es nicht zufällig sein, dass die Personen zu beiden Seiten, sowohl des Mannes als auch der Frau, nach dem Geschlechte geschieden sind, zur Linken der Frau die Knaben, zu ihrer Rechten die Mädchen, gerade umgekehrt beim Manne. Diese Scheidung nach dem Geschlechte ist auch bei den Figuren zu beiden Seiten der Grabesthür im Relief der Hauptschmalseite beobachtet.

Fragt man, wer diese zahlreichen kleinen Gestalten sind, so liegt die Erinnerung an die spätgriechischen Grabreliefs,[1] ohne dass man dabei an einen directen Zusammenhang zu denken braucht, nahe, auf welchen solche im Vergleiche zu den Gestalten der Verstorbenen sehr klein gehaltene, auch oft ziemlich zahlreiche Hinterbliebene sich jenen adorirend nähern. Ich sehe in der That keine andere Möglichkeit, als auch hier auf dem christlichen Sarkophage die kleinen Gestalten als Hinterbliebene, irgendwelche Angehörige zu deuten, deren grosse Zahl zwar an die Familie allein zu denken kaum erlaubt. Passender scheint es mir etwa Catechumenen dargestellt zu glauben, deren Lehrer der Verstorbene vielleicht als Inhaber eines κατηχήσεως διδασκαλείου, wie einmal Origines, gewesen sein könnte. Die Attribute der Schriftrollen möchten dann bei ihm nicht bedeutungslos wirklich einen λογιώτατος ἀνήρ[2] bezeichnen. Dass hierbei auch der Frau sich eine Schaar, aber nur von Kindern, anschliesst, wäre wohl erklärlich.

Ist das richtig, so sehen wir inmitten am Ehrenplatze unter dem Giebeldache in einem Raume ganz für sich im Freien unter Bäumen den guten Hirten, das Symbol Christi, allein erscheinen. Erst ausserhalb dieses Allerheiligsten beginnt das Gedränge der in der Cella Memoriae, wo die Standbilder der Verstorbenen stehen, zum Gebete sich vereinenden Schüler, ganz wie es bei den jährlichen christlichen Todtenfeiern geschah. Hierbei sind die Geschlechter, wie der Ritus beim Gottesdienste schon früh es verlangte,[3] gesondert. Ob auch die nicht selten bedeutungsvolle Siebenzahl in der Doppelung und Vervierfachung bestimmter zu erklären ist, überlasse ich, wie die noch schärfere und begründetere Entscheidung über die Bedeutung der Versammlung um die Verstorbenen, Solchen, die bewanderter in den Verhältnissen der ersten christlichen Jahrhunderte sind, als ich.

Die Bildwerke der Schmalseiten des Sarkophags gehören nicht, wie der gute Hirt auf der Langseite, der rein christlichen Formensprache an; es sind im Gebrauche für griechisch-römische Grabmäler ausgebildete Andeutungen von Grab und Tod, die in solcher ganz allgemein menschlichen Bezüglichkeit von den Christen als durchaus unanstössig am leichtesten beibehalten werden konnten.

---

[1] Perrenoglu das Familienmahl auf altgriechischen Grabsteinen (Leipzig 1872) S. 10, n. 7; S. 14, n. 8. 10; S. 18, n. 12, 16 u. s. w.

[2] Eine Persönlichkeit etwa wie „Flavius Magnus v. c. rhetor Urbis aeternae...... praeceptor fraudis ignarus et intra breve tempus universae patriciae suboli lectus magister (de Rossi Bull. di archeologia christ. 1863, p. 14 ff.).

[3] Augusti Denkwürdigkeiten aus der christlichen Archaeologie XI, S. 392 f.

Auf der Hauptschmalseite, welche, wie wir sahen, jetzt oben durchbrochen ist, auch sonst als zugänglichste Seite des Sarkophags am meisten Beschädigung erlitten hat, nimmt eine zweiflügelige Thür mit einem Löwenkopfe, diesem alten, gewiss längst in seiner Bedeutung verblassten Amulete, in jeder ihrer vier Füllungen[1] den grössesten Raum ein. Obenauf sitzen, wie auf dem Giebel über dem guten Hirten, zwei Pfauen, die, wie dort, Guirlanden in den Schnäbeln halten; der eine ist beim Durchbrechen der Seitenwand ganz zerstört. Eine meistens geschlossen dargestellte Thür ist die kurze Andeutung der Grabkammer und des mit ihr in der Sprache auch der Grabschriften sich vermischenden Hauses des Hades, Thalamos der Persephone. Schon homerisch ist die Formel πύλαι Ἀΐδαο, auch in der Wendung ἐχθρὸς ὁμῶς Ἀΐδαο πύλῃσιν. Beispiele des Bildes einer Thür als Grabeszier sind von Urlichs da angeführt (Reisen und Forschungen I, S. 45, 52), wo er das von den Einwohnern sogenannte Logári, eine grosse bei Delphi in die Felswand gemeisselte scheinbare Thür, auch das Abzeichen eines Grabes bespricht. Häufig sind solche Thüren auf den Vorderseiten römischer Cinerare, auch etruskischer Aschenkisten. Auf einigen Cinerarien ist die Thür halb geöffnet und Hermes, der Seelenführer, tritt aus ihr hervor oder Siegesgöttinnen öffnen sie. Je üblicher die Formel war, desto weniger kann es auffallen, sie auf einem christlichen Sarkophage ganz wie die Redeformel πύλαι Ἀΐδου in den christlichen Urkunden[2] weiter angewandt zu finden. Neben dieser Thür stehen, also neben dem Grabmale gedacht, fünf Personen, einerseits eine Frau und ein kleines Mädchen, andererseits zwei Männer und ein kleiner Knabe. Sie beten alle fünf mit offenen gehobenen Händen nach altchristlichem Ritus, die weiblichen Figuren mit beiden Händen, die männlichen, so scheint es, nur mit einer, der rechten Hand. Die zahlreichen, um die Bilder der Verstorbenen geschaarten Gestalten der Vorderseite des Sarkophags machen eine solche betende Bewegung mit einigen wenigen auch nicht einmal ganz deutlichen Ausnahmen nicht. In diesen fünf Gestalten der Schmalseite wird man vielleicht die Familie der Verstorbenen vermuthen dürfen.

Auf der entgegengesetzten Schmalseite des Sarkophags, also, wie wir sahen, an wenig auf Beschauung berechneter Stelle steht unter einer Bogenwölbung mit Giebeldach das in spätrömischer Zeit immer gangbarer gewordene Bild der Todesruhe, der Flügelknabe mit gesenkter Fackel. Die sämmtlichen Eroten der hellenistisch-römischen Kunst, für welche man bei immer mehr sich verflüchtigender Bedeutsamkeit keinen recht zutreffenden klassischen Namen mehr findet, so dass die Nothhilfe der modernen Bezeichnung als Genien fast entschuldbar ist, sind als völlige ἀδιάφορα in den altchristlichen Bildwerken ganz an der Tagesordnung. Wir finden sie besonders häufig die Inschrifttafel des Sarkophags haltend oder das Medaillon mit den Bildern der Verstorbenen, hin und wieder als spielende Andeutungen der Jahreszeiten und so endlich auch einige Male[3] in dieser bedeutsameren Form als Bild der Todesruhe.

Wir kommen zur Frage der Entstehungszeit des Sarkophags. Als ein sehr bestimmter terminus post quem lässt sich sofort der beginnende Frieden der Kirche unter Con-

---

[1] Dumont a. a. O. S. 120 ,les panneaux de cette porte desinnent une croix.' Gewiss unrichtig, obwohl Lanza in dem angeführten Zeitungsaufsatze es ebenfalls annimmt.
[2] Ev. Matth. 16, 18 und danach z. B. bei Origines Euseb. hist. eccl. VI. 25, 8) und so fort gebräuchlich geblieben bis zu Klopstock's ,Pforten des Abgrunds' und überall sonst noch heute.
[3] Z. B. de Rossi Roma sotterranea I, tav. XXXI. 4.

stantin, namentlich das Jahr des Toleranzedictes des Constantin und Licinius 312 n. Chr. ansetzen. Hätte sich das Christenthum auch wohl früher schon mit solcher Ostentation, wie hier zeigen dürfen, so hätte ein solch' hervorragendes Werk bei Salona die Diokletianische Drangzeit schwerlich überstanden. Dazu würde man ohnehin den Formen nach mit dem Sarkophage kaum erheblich vor das 4. Jahrhundert hinaufrücken wollen. So weit ich Anhaltspunkte zur Vergleichung habe finden und benutzen können, spricht nun aber andererseits Nichts dafür, den Sarkophag erheblich weiter und bis in das 5. Jahrhundert hinabzudatiren. Gesammtcharakter und Einzelheiten von Architektur und Bildwerk bewahrt noch sehr stark rein römischen Geschmack, die Architekturformen sind mit denen der von de Rossi[1] überzeugend dem 4. Jahrhundert zugewiesenen Basilica del salvatore bei Spoleto sehr verwandt, die ornamentalen Details des Sarkophags finden sich z. B. auf einem in den Constantins-Bogen verbauten, also sogar vorconstantinischen Baustücke' wieder, die gewundenen Säulen kommen auf Sarkophagen, die man wenigstens ohne Widerspruch dem 4. Jahrhundert zuzuschreiben pflegt,[3] vor. Neben den rein römischen Formeln der Grabesthür, des Eros mit gewendeter Fackel, fällt die sehr gute Tradition in den Statuen der beiden Verstorbenen, ferner trotz einigen Ungeschicks die Lebendigkeit in der Figur des guten Hirten und in den zwar nicht gut gerathenen Figuren der Catechumenen, wenn wir sie einmal so nennen dürfen, ins Gewicht. Das Beten der männlichen Gestalten auf der Hauptschmalseite mit nur einer Hand, wenn das wirklich so vorhanden ist, würde auch in Betracht kommen.[4] Darin liegen lauter Gründe, sich bei der Zeitbestimmung nicht allzuweit von der, wie gesagt, frühestmöglichen Zeit, dem Jahre 312 n. Chr., zu entfernen. In solchem Sinne schreibe ich den Sarkophag also dem 4. Jahrhunderte zu. Bei Vorlage der Photographien in der Berliner archaeologischen Gesellschaft haben Strack und Adler vielmehr das 5. Jahrhundert als Entstehungszeit annehmen wollen.[5] Ich muss erwarten, diese Datirung mit irgend welchen zutreffenden Vergleichen gestützt zu sehen. Für eine nicht allzu späte Entstehungszeit ist auch immerhin das nahe Zusammenstehen mit dem freilich wohl etwas früher hingesetzten Hippolytos-Sarkophage, so wie, wenn ich recht vermuthe, mit dem trefflichen Jagd-Sarkophage (Taf. IV) mit in Anschlag zu bringen.

Zu bedauern ist, dass keine Inschrift Etwas über die Persönlichkeit des Paares bietet, das nach seinem Tode mit diesem stattlichen, wie triumphirenden Denkmale geehrt wurde, nachdem es bei Lebzeiten vermuthlich noch die den Christen schwere Hand Diokletians gefühlt hatte. In Salona bildete sich früh ein bedeutender Mittelpunkt der christlichen Kirche. Manches monumentale Zeugniss dafür ist schon vor der Ausgrabung des Sarkophags zum Vorschein gekommen, besonders im Norden der alten Stadt, wo ausserhalb ihrer Mauern in dem Namen des Capellchens des S. Doimo eine sehr alte christliche Erinnerung bewahrt wird. Das wichtigste bis jetzt durch Ausgrabung nachgewiesene christliche Gebäude liegt auch im Norden, aber innerhalb der Mauern, das Baptisterium mit dem nach der Ausgrabung leider der Zerstörung verfallenen

---

[1] Bullettino di archeologia christiana 1871, tav. X, p. 135.
[2] De Rossi Bullettino di archeologia christiana 1863, p. 68.
[3] Ich nenne nur den Sarkophag in S. Francesco zu Perugia, „uno dei migliori e più antichi sarcofagi christiani del seculo quarto' (de Rossi Bull. di archeologia christiana 1871, tav. VIII, p. 127).
[4] Vergl. de Rossi Bull. di archeologia christ. 1866, p. 47.
[5] Ich entnehme das aus der Vossischen Zeitung 29. März 1872 und aus der archaeol. Zeitung 1872, S. 12.

Mosaikboden, in welchem zu dem Bildwerke zweier trinkenden Hirsche das Psalmenwort beigeschrieben war, „sicut cervus desiderat ad fontes aquarum, ita desiderat anima mea ad te Deus." Nach dem Anscheine der umherliegenden Architektur-Trümmer muss ich fast vermuthen, dass südlich von diesem Baptisterium ein anderes grösseres Gebäude christlicher Zeit, vielleicht die, wie schon Lanza[1] betonte, in der Nähe des Baptisteriums vorauszusetzende Episkopalkirche von Salona durch Ausgrabung noch bestimmter nachzuweisen sein dürfte. Unweit dieser Gegend ausserhalb der Mauer liegt der Fundort unserer Sarkophage; auch schon früher stiess man hier auf christliche Grabstätten.[2] Ganz kürzlich ist nahe ausserhalb der Mauer und auf dem rechten Ufer des Rinnsals, welches auf dem Plane bei Lanza[3] von Norden in die Stadt herein und beim Theater vorbeifliessend angegeben ist, eine ganze Reihe von sechzehn Sarkophagen freigelegt, die alle kein Bildwerk, deren einige aber christliche Inschriften[4] tragen. Endlich befindet sich, gewiss aus Salona herrührend, aber ohne dass ein bestimmter Fundort bekannt wäre, bei den Franziskanern in Spalato ein christlicher Sarkophag mit dem Durchzuge des Moses durch das rothe Meer.[5]

Salona wird ohne Zweifel bei fortgesetzter Fürsorge mehr und mehr Denkmäler liefern, mit denen es in dem Orbe Christiano monumentale, zu dem de Rossi die Idee angeregt und einen Grundstein gelegt hat, seinen Platz mit Ehren ausfüllen wird. Auch unter der Menge der zusammenzustellenden Werke wird der neue Sarkophag nicht leicht unbedeutend erscheinen.

Es bleibt uns jetzt noch der Sarkophag zu besprechen, dessen Fragmente im Garten des Herrn von Ciotta in Fiume sich befinden. Die Abbildung auf Tafel IV gibt leider lauter Schrägansichten der Reliefstücke. Weil diese jetzt zusammenhanglos an einem schmalen Gartenwege eingemauert sind, war es dem Photographen vermuthlich nicht möglich, für rechtwinklig auf die Reliefs genommene Ansichten den Standpunkt zu gewinnen, und an die mir zur Verfügung gestellten Photographien war wiederum der Stecher gebunden. Den ursprünglichen Zusammenhang der Fragmente habe ich durch beigesetzte Buchstaben, die sich an der beigefügten Grundriss-Skizze des Sarkophags wiederholen, deutlich gemacht und durch die punktirten Pfeile die Richtung ungefähr angedeutet, von der aus die einzelnen Fragmente photographirt und danach auf unsere Tafel gebracht werden mussten.

Dass der Sarkophag in Salona gefunden ist, steht fest, dass er dort mit dem christlichen und dem Hippolytos-Sarkophage zusammen stand, vermuthete ich. Seine Erhaltung war sichtlich eine vortreffliche, als er wieder zum Vorscheine kam; dann erst muss er zerschlagen sein. Bei der von mir gegebenen Wiederanordnung der Stücke, bleibt nur unsicher, ob das Fragment B auf die Vorderseite oder auf die eine Schmalseite gehört. Dass das Fragment C und ebenso ein kleines an A bei b anstossendes Eckstück der Rückseite des Sarkophags angehören, erkennt man sofort an der flacheren Haltung

---

[1] Monumenti Salonitani inediti Vienna 1856, S. 19, während auf S. 30 andere Überreste bei S. Doimo mit ihr ohne Wahrscheinlichkeit in Zusammenhang gebracht werden.
[2] Lanza monum. Salon. ined. S. 30.
[3] Ann. dell' Inst. 1840, tav. d'agg. K. Mon. Salon. ined. Taf. I. Auch auf dem Plane von Joannes Baptista Camozzinus bei Farlati Illyricum sacrum I, zu S. 276
[4] Dumont revue archéol. 1872, S. 122 ff und in der jetzt im Drucke begriffenen Addenda zum C. J. L. vol. III.
[5] Jahrbuch der k. k. Central-Commission z. Erf. u. Erh. der Baudenkm. 1861, Taf. XVIII

und der weniger ausgeführten Behandlung des dennoch nicht zur Rohheit der Nebenseiten des Hippolytos-Sarkophags herabsinkenden Reliefs.

Der Sarkophag ist von weissem Marmor gearbeitet und mass in der Breite (Fragment A) 0,85 Meter, in der Höhe ohne den nicht mehr vorhandenen Deckel 0,96 Meter. Das Längenmaass lässt sich nicht mehr angeben. Das Fragment B misst in der grössesten erhaltenen Länge etwa 0,83, in der grössesten erhaltenen Höhe etwa 0,70 Meter, das Fragment C am oberen Rande 1,13 in der Länge und in der grössesten erhaltenen Höhe etwa 0,68 Meter.

Die Fussgliederung des Sarkophags umgibt ein Eichenkranz, eine Hohlkehle mit Akanthos-Ornament ist als obere Einfassung an einzelnen Stellen auf der Nebenseite A über und zwischen den Köpfen der Figuren des Reliefs angegeben; auf der vorderen Langseite und, wenn Fragment B etwa dahin gehört, auf der anderen Schmalseite ist hiervon Nichts mehr nachweisbar. Der obere Rand der Rückseite (C) ist, wie üblich, ganz schlicht gehalten.

Das Reliefs-Bildwerk umgab, wie namentlich die erhaltene Ecke a zeigt, ohne tektonische Unterbrechung und wenigstens an den vorderen Ecken ganz zusammenhängend die vier Seiten des Sarkophags. Dargestellt sind, und zwar mit besonderer Lust und Fülle, Jagdscenen, dieser Lieblings-Gegenstand spätgriechischer Grabreliefs und römischer Sarkophag-Sculpturen.[1]

Der vorderen Langseite war die von Alters her immer als besondere Hauptjagdthat geltende Eberjagd zugewiesen. Erhalten ist der im Felsgeklüft gekauerte, vorn zur Abwehr aufgerichtete Eber, dem aber schon ein Jagdspiess der bekannten Form in der Seite steckt, und den ein Hund am Kopfe fassen will. Der vermuthlich zu Fuss dem Thiere zunächst gegenüberstehende Jäger ist ganz verloren, von einem Berittenen nur noch ein Rest des Pferdekopfes geblieben. Über dem Felsrande — auch eine häufig wiederkehrende Anordnung des Bildwerkes — holen zwei Jäger zu Speerwurf und Bogenschuss[?] aus; bei dem vorderen, dem Speerwerfer, läuft über die gegürtete und an der rechten Schulter gelöste Tunica auf der Brust ein Schwertriemen hin; der hintere, welcher als Bogenschütz durch die Bewegung hinreichend kenntlich ist, trägt über der gegürteten Tunica noch ein der griechischen Chlamys entsprechendes Mäntelchen. Hinter diesem steht ein grossblättriger Baum, ein kleinerer Busch wächst am Felsen hinter dem Eber.

Auf dem Fragmente B, mag es nun auf die Lang- oder auf die Schmalseite des Sarkophags gehören, sind zwei doch wohl vor dem Eber zur Flucht gewandte, aber mit Geberde und Ruf rückwärts gekehrte Reiter noch erhalten, deren Tracht bei beiden wesentlich dieselbe ist, Unter- und Obergewand, Stiefel, einmal ein Schwertriemen; dem einen Pferde ist ein Löwenfell als Sattel umgeknüpft. Wie diese Reiter blickt ein zwischen und hinter ihnen sichtbarer Fussgänger rückwärts, der einen Speer in der linken Hand hält. Unten befinden sich zwei Hunde, ein langhaariger, der sich zum Angriffe stellt, ein anderer, der sich zu lecken scheint. Über dem hinteren Reiter ist eine Baumkrone nur theilweise erhalten.

---

[1] Stephani compte-rendu de la comm. arch. de St. Pétersbourg 1867, S. 52—151.
[2] Stephani a. a. O. S. 61 f.

Ein vereinzelter Rest einer der beiden auf der Grundriss-Skizze des Sarkophags mit B? bezeichneten Seiten ist der auch auf unserer Tafel nicht ausgelassene Hundekopf.

Ein nach rechts schreitender, nach links sich umblickender Jäger in gegürteter Tunica, mit Mantel und Stiefeln, mit dem Schwerte an der linken Seite, der mit dem rechten Arme einen jetzt abgebrochenen Gegenstand, vielleicht eine Keule, geschultert hielt, bildet den Übergang (Ecke a) von der vorderen Langseite mit der Eberjagd zu der Schmalseite, welche sich durch besonderen Reichthum der Bildwerke auszeichnet und deshalb vielleicht nicht zufällig beim Zerschlagen des Sarkophages zum Zwecke des Verkaufs am besten behandelt wurde; nur einzelne, besonders frei heraustretende Stücke, auch die obere Ecke b fehlen, wie unsere Abbildung zeigt. Diese zeigt auch die schon oben erwähnte Andeutung einer oberen Einrahmung durch eine Hohlkehle mit Akanthosblättern. Der Wald, in dem die Jagd vor sich geht, ist durch kleineres Unterholz, links oben durch einen Obstbaum, auf dem ein Vogel sitzt, rechts oben durch einen Eichbaum veranschaulicht. Die Jagd gilt hier besonders einem um seiner Schnelligkeit willen schwierig zu erreichenden Wilde, den ‚ibices pernicitatis mirandae quanquam onerato capite vastis cornibus gladiorum ceu vaginis'.[1] Jetzt kommen diese Thiere bekanntlich nur noch in abgelegenen Bergwinkeln, wie auf Samothrake, vor, müssen aber im Alterthume auch nach dem Zeugnisse der Bildwerke noch etwas häufiger gewesen sein. Auf sprengendem Pferde, dem wieder ein Löwenfell übergeknüpft ist, ist ein junger Mann mit lockigem Haar, in der Tunica und im Mantel, dargestellt, welcher eben mit dem Speere einen auf der Flucht von zwei zottigen Rüden verfolgten und in den Hinterbeinen gefassten Steinbock trifft. Unter diesem läuft ein Junges, ein anderer alter Steinbock liegt schon erlegt am Boden. Über den fliehenden Steinbock hin sieht man einen Hirsch auf der Flucht und neben dem Pferde des Reiters ist noch ein Jäger zu Fuss in halbgelöster Tunica und mit einem Speere in der linken Hand zugegen.

Von der Rückseite des Sarkophags ist, wie gesagt, das Mittelstück C und dazu die Ecke rechts, welche an die Schmalseite A stösst, erhalten. Ein Jäger zu Pferde, in heroischer Nacktheit, nur mit der Chlamys und Stiefeln bekleidet, schleudert den Speer auf ein fliehendes Thier. Zwei Landleute, der eine bärtig und mit dem Exomis bekleidet, beide mit einem Hute auf dem Kopfe und mit dem Lagobolon[2] bewaffnet, sind dem Reiter zunächst. Ganz vorn ist, mit Tunica, Mantel und Stiefeln bekleidet, noch ein Bogenschütz, hinten ein anderer Mann in Unter- und Obergewand und mit einem Stabe, der die Hunde zu hetzen scheint, deren drei auf hastiger Verfolgung sichtbar sind. Unter dem fliehenden Thiere, das schon von einem Geschoss getroffen ist, läuft vorauf dem vordersten Hunde ein Junges.[3] Zwei Bäume fehlen auch hier nicht, einer davon eine Fichte.

---

[1] Plin. nat. hist. VIII, 214 Detlefsen. Andere Beispiele des Vorkommens von Steinböcken in römischen Jagddarstellungen bei Stephani a. a. O. S. 118, Anm. 1, S. 134, n. 22, S. 135, n. 27, S. 138, Anm. 1 und S. 146. Unter diesen Beispielen verdient das Relief im heutigen Dome von Spalato (Lanza dell' antico palazzo di Diocleziano in Spalato. Triest 1855. Taf. VII oben rechts), wahrscheinlich, wie dem Vernehmen nach Adler demnächst begründen wird, dem Mausoleum Diokletians, hier besondere Erwähnung.

[2] Stephani a. a. O. S. 67 ff.

[3] Dieses Endstück der Rückseite hat auf unserer Tafel nur in unbestimmter Andeutung gegeben werden können, da die Photographie nicht mehr zeigte.

Der Ciottasche Sarkophag würde, wenn ihn nicht nach seiner Auffindung die bejammernswerthe Zerstörung getroffen hätte, durch Fülle und Lebendigkeit in Erfindung und Ausführung den besten Sarkophagen mit Jagdbildern zur Seite treten, wenn auch in seinen mit malerischer Darstellung wetteifernden Reliefs z. B. bei den Pferden hie und da das volle Gelingen fehlt. Man wird diesen Sarkophag, auch wenn er wirklich neben dem christlichen und dem Hippolytos-Sarkophage stand, doch für älter als diese zu halten geneigt sein.[1]

---

[1] Kurz vor der Correctur des Drucks geht mir noch folgende Mittheilung von Glavinić zu: „Die Fragmente des Sarkophages Ciotta scheinen mir doch nicht zu dem Sarkophage zu gehören, dessen Zeichnung ich an Mommsen schickte, da auf diesem meiner Erinnerung nach nur wenige Figuren sich befanden und, wenn ich nicht irre, inmitten ein Bogen ähnlich wie auf dem christlichen Sarkophage. Doch könnten die Ciottaschen Fragmente von einem vierten Sarkophage herrühren, dessen Auffindung an gleicher Stelle mit den dreien, von welchen bisher nur die Rede war, mir jetzt ein Miteigenthümer des Grundstückes Namens Klemann versichert. Klemann will denselben an einen Marmorhändler verkauft haben, welcher ihn nachher in Stücken nach auswärts verhandelt hätte."

Conze römische Bildwerke einheim. Fundorte in Oesterreich. Taf. III.

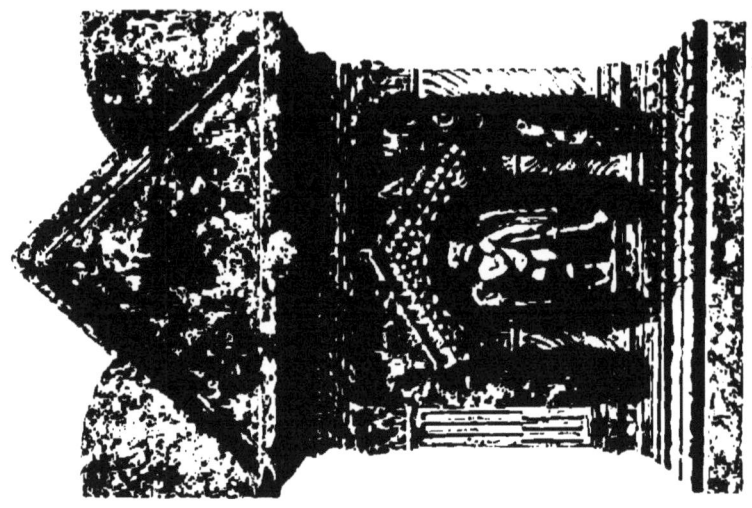

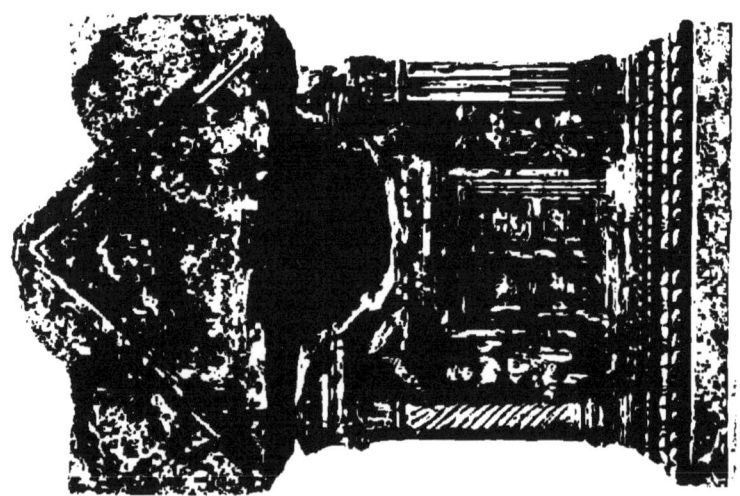

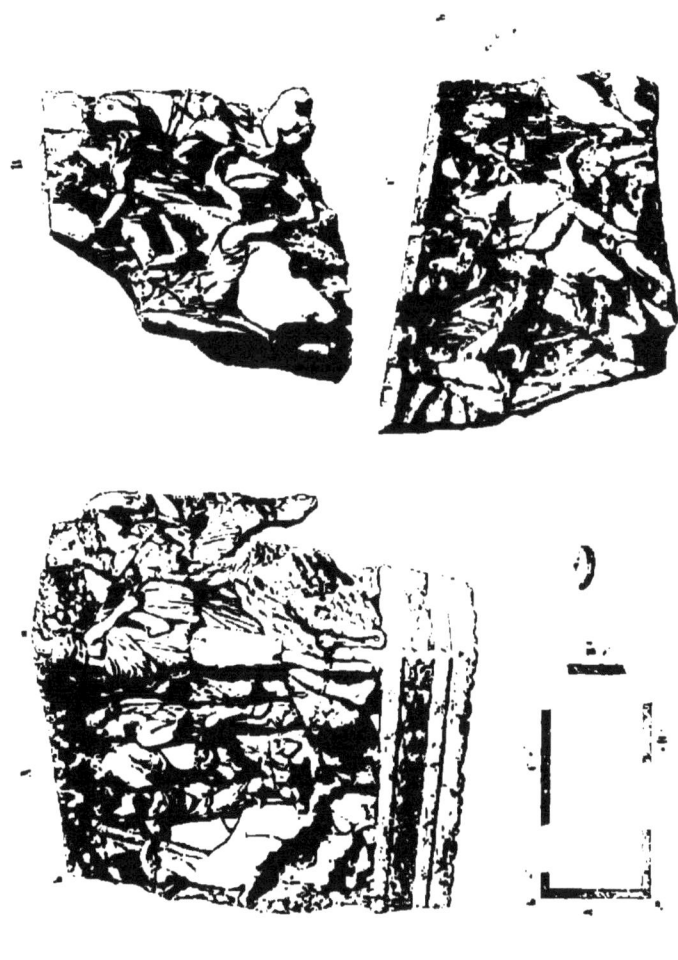

RÖMISCHE BILDWERKE

EINHEIMISCHEN FUNDORTS IN ÖSTERREICH.

HERAUSGEGEBEN

VON

ALEXANDER CONZE.

II. HEFT.

SCULPTUREN IN PETTAU UND ST. MARTIN AM PACHER.

MIT TAFEL V—X.

VORGELEGT IN DER SITZUNG AM 11. NOVEMBER 1874.

WIEN, 1875.

IN COMMISSION BEI KARL GEROLD'S SOHN

BUCHHÄNDLER DER KAIS. AKADEMIE DER WISSENSCHAFTEN.

SEPARATABDRUCK AUS DEM XXIV. BANDE DER DENKSCHRIFTEN DER PHILOSOPHISCH-HISTORISCHEN CLASSE
DER KAISERLICHEN AKADEMIE DER WISSENSCHAFTEN.

1 1 APR 1961

Druck von Adolf Holzhausen in Wien
k. k. Universitäts-Buchdruckerei.

Das im Vorworte des ersten Heftes dieser Publicationsreihe (Denkschr. der phil.-hist. Cl. der k. Ak. der Wiss. Bd. XXII., Wien 1872, S. 1 ff.) ausgesprochene Vorhaben, den dort mitgetheilten Bildwerken von Salona andere dalmatinische in den nächsten Heften folgen zu lassen, wird jetzt nicht ausgeführt. Unter den, wie dort bereits berichtet wurde, zu allererst in Zeichnungen gesammelten steiermärkischen Sculpturen boten sich doch einige wichtigere Stücke, als unter denen, welche nach jenen drei jüngstgefundenen Sarkophagen[1] des ersten Heftes aus dem dalmatinischen Vorrathe hätten an die Reihe kommen müssen. Eine Ausgrabung an der Stelle, an welcher jene drei Sarkophage zum Vorschein kamen, ist erst kürzlich auf Vorschlag der k. k. Centralcommission für Erforschung und Erhaltung der Kunst- und historischen Denkmale vom Ministerium für Cultus und Unterricht angeordnet und vom Conservator Prof. Glavinič in Angriff genommen worden. Dabei ist aber jedenfalls an Sculpturen, so weit die Nachrichten bis jetzt reichen, noch nichts Nennenswerthes gefunden. Was ich sonst von unpublicirten römischen Bildwerken aus Dalmatien zusammenzustellen wüsste, entbehrt irgend eines einigermassen hervorragenderen Stückes, das allein ein Heft zu füllen und allerlei Unbedeutenderes, das nun einmal auch nicht ganz vernachlässigt werden darf, mit sich zu führen geeignet erscheinen könnte. Man müsste denn eine in das Museum zu Agram gebrachte Apollo-Statue aus Salona dafür rechnen wollen.

Indem ich unter den steiermärkischen Sculpturen für dieses Heft die in Pettau (Petoevio, Colonia Ulpia Trajana Poetovio in Pannonia superior[2]) befindlichen zusammenstelle, so ist da ein solches Hauptstück vorhanden in dem grossen Grabsteine eines

---

[1] Ich trage hier nach, dass es nach einer gütigen Mittheilung des Herrn Sim. Ljubić in Agram keinem Zweifel mehr unterliegt, dass der heute Clotta'sche Sarkophag (Taf. IV), was ich früher nur als wahrscheinlich bezeichnen durfte, in der That zusammen mit den andern beiden Sarkophagen (Tafel I—III) gefunden wurde. Ljubić hat sich darüber im Jahre 1868 bald nach der ersten theilweisen Aufdeckung der Sarkophage an Ort und Stelle unterrichten können.

[2] Mommsen, C. I. L. III, 1, S. 510. Kenner, Noricum und Pannonia. Ber. u. Mitth. des Alterthumsvereins zu Wien, 1870, XI, S. 15, 36, 94.

Decurio (Taf. V. VI), welcher, man könnte glauben, an seinem ursprünglichen Platze,[1] jedenfalls aber schon seit dem 16. Jahrhundert, auf dem Markte von Pettau aufrecht steht. Im Volksmunde heisst er nach der Benutzung, der er lange Zeit unterworfen wurde, ‚der Pranger‘. Nicht wie jene im ersten Hefte publicirten und besprochenen Sarkophage ist er ein Novum. Im Gegentheil, seit Jahrhunderten ist er auch über Pettau hinaus nicht ganz unbekannt geblieben, ist mehrfach erwähnt, beschrieben, abgebildet und erklärt worden. Dennoch erwartete er noch immer eine wirklich zuverlässige Publication und gerade, dass er deren so lange schon wartet, war mir ein besonderer Anlass, ihn jetzt nicht mehr länger zurückzustellen. Leider erfuhr ich erst nach Vollendung des Stichs, dass Fr. Pichler, dem die Sorge für die römischen Alterthümer in Steiermark so besonders am Herzen liegt, ebenfalls mit einer neuen Veröffentlichung umgehe. Es war zu spät, um, wie ich gern gethan hätte, vor einem Herausgeber zurückzutreten, der mit dem Denkmale weit länger vertraut ist, als ich.

Der Stein ist heute in seiner unteren Hälfte, etwa auf Manneshöhe, stark angegriffen. Die Inschrift und das unter derselben befindliche Relief sind fast völlig zerstört. Die ganz ungeschützte Stellung des Monuments mitten im Marktverkehre, dem natürlich die Stufen einen willkommenen Sammelplatz bieten,[2] macht das, auch abgesehen von der in früheren Zeiten gelegentlichen Benutzung als Pranger,[3] völlig erklärlich.

Man sollte nun hoffen, dass Zeichner oder Beschreiber in früheren Jahrhunderten das ganze Monument noch in erheblich besserem Zustande gesehen hätten und dass man so auf ihre Zeugnisse zum besseren Verständnisse zurückgreifen könnte. Das ist aber durchaus nicht der Fall. Gerade das macht eine neue Publication unerlässlich, dass die früheren theils mit starker Interpolation, begleitet von anderen Entstellungen, ein ganz unbegründetes und das Verständniss irreleitendes Mehr bieten, theils in höchst kümmerlicher Wiedergabe hinter dem, was heute noch sichtbar ist, zurückbleiben. Hiermit sind die beiden Classen älterer Zeichnungen, deren jeder eine Publication im Stiche entspricht, charakterisirt. Die früheren Erklärer des Monuments sind, namentlich sobald sie Interpolationen, welche sich auch auf die Inschrift erstreckt haben (C. I. L. III, 1, n. 4069), folgten, arg irregeleitet. Alles dieses bezieht sich namentlich auf die untere Hälfte des Steins, die also schon lange starker Zerstörung unterlag. Mit Zuverlässigkeit ist aber auch die obere, besser erhaltene Hälfte des Monuments in keiner früheren Publication behandelt, wenngleich die Hauptdarstellung des Orpheus zwischen den Thieren niemals verkannt werden konnte.

Aus dem 16. Jahrhundert ist uns eine Zeichnung des Prangers von Jean Jacques Boissard erhalten, in einem Codex des landschaftlichen Archivs in Gratz (n. 1007), den W. Klein auf meine Bitte excerpirt hat, und in einem Pariser Codex (St. Germain, n. 1078), auf dem der Stich bei Montfaucon ant. expl. suppl. I, pl. LXXXIV beruht (s. Mommsen C. I. L. III, 2, S. 587. III, 1, zu n. 4069). Während die Inschrift nur in dem Pariser Codex und danach bei Montfaucon, nicht aber in dem Gratzer Codex interpolirt ist, erscheint das Bildwerk in dem Gratzer und in dem Pariser Codex, welchen letzteren ich indessen nur in Montfaucons Stiche kenne, in wesentlich gleicher Weise interpolirt, am stärksten in dem untersten, frühest zerstörten Relieffelde. Die ganze

---

[1] Von den zwei Stufen des Unterbaues ist nur die obere, auf Taf. I mit angegebene, ganz augenscheinlich neu.
[2] Anschaulich gemacht bei Muchar, Geschichte des Herzogth. Steiermark I, Titelblatt.
[3] Es waren ‚eiserne Niethalsgel und Banden‘ angebracht, ‚an denen der Öfteren Sträflinge angespannt hingen‘ (Povoden 1836).

Zeichnung fügt dem, was wir noch heute dem Steine entnehmen, gar nichts Glaubwürdiges hinzu, wird dagegen in wesentlichen Stücken durch das noch heute Erhaltene Lügen gestraft. Sie ist also völlig werthlos. Montfaucon sieht in dem ganzen Monumente, verleitet durch die interpolirte Inschrift des Pariser Codex, eine Dedication an M. Aurel nach dem Marcomannenkriege. Eine andere fabelhaft-historische Deutung ist auf Grund einer anderen, noch umständlicheren Interpolation der Inschrift im Cod. 2726 des landschaftlichen Archivs in Gratz, S. 54, gewagt. Eine in Bezug auf das unterste Relieffeld noch vollständiger aus der Luft gegriffene Scene bietet in dem Felde unter der Inschrift eine mir nicht näher bezeichnete ältere Zeichnung des ‚Prangers‘ im Joanneum zu Gratz, von der ich durch W. Klein Nachricht erhielt. Man sieht da knieende, wie betende, Figuren um ein Thier herum und oben Wolken. Diesen interpolirten Abbildungen gegenüber stehen für das unterste Relieffeld gänzlich versagende Wiedergaben des ‚Prangers‘ in zwei Beschreibungen der Pettauer Alterthümer (Cod. n. 2730. 946 des landschaftlichen Archivs zu Gratz) von Simon Povoden. Man findet hier im untern Relieffelde auch nicht einmal mehr die im Allgemeinen, trotz aller weiteren Ausschmückung, bei Boissard doch vorhandene Übereinstimmung der Zeichnung mit dem heute Erhaltenen. Es sind nur ein paar ganz und gar formlose Figürchen angegeben. Diesen Zeichnungen der Art nach verwandt ist die Lithographie bei Muchar Geschichte des Herzogthums Steiermark I, Taf. IX und das Titelblatt. Diese Publication ist, wie die Zeichnungen bei Povoden, sozusagen ehrlicher, als die Boissard-Montfaucon'sche, aber äusserst ungeschickt gemacht, also nur in anderer Art ungenau und doch auch nicht frei von kleinen Phantasiespielen. In dem untersten Relieffelde erscheinen auch hier nur ein paar beliebige, im Detail unkenntlich gelassene Figürchen. Povoden greift in seinem Erklärungsversuche wiederum nach historischen Thatsachen der Kaisergeschichte, wenn auch nach anderen als Montfaucon. Dergleichen findet sich auch noch in dem Büchelchen von F. Raisp Pettau, Steiermarks älteste Stadt. Gratz 1858. Nur den Orpheus zwischen den Thieren hat auch Povoden nicht verkannt, wie ihn ebenfalls Muchar a. a. O. S. 413 und Montfaucon beim richtigen Namen nennen. Auch in der Beschreibung, welche Katancsich[1] aus eigener Anschauung gab, ist hauptsächlich dieses Orpheus-Relief richtig erkannt, am stärksten irreführend dagegen die Angabe über das Relief unter dem Inschriftfelde, wie dieselbe dann in das C. I. L. herübergenommen ist.

In Anführung aller gelegentlichen Erwähnungen, Beschreibungen und Deutungen der Bildwerke des ‚Prangers‘ vollständig sein zu wollen, erscheint, so weit meine Kenntniss davon reicht, nicht nothwendig. Erwähnen will ich nur noch ausführlichere Erörterungen, welche von Jos. Winter, im Widerspruche gegen ihn von Rich. Knabl, und endlich von Alfons Müllner in der Gratzer Tagespost (1871, n. 267. 286. 305. 314. 1873, n. 138) erschienen sind. Mit Knabl stimme ich in Bezug auf den nichtchristlichen Charakter der Sculpturen überein. Den Mithras-Cultus zur Erklärung herbeizuziehen versuchte auch schon Steinbüchel (Wiener Jahrbücher der Literatur, B. 45, S. 64 f., n. 26).

Dass das Monument ein Grabstein ist, ist längst von den Verschiedensten erkannt und anerkannt, ebenso dass derselbe einem Decurio gesetzt wurde, wie aus dem Reste der zweiten Zeile der Inschrift hervorgeht. Von der übrigen Inschrift vermochte ich

---

[1] Specimen geogr. et philol. Pannoniorum (Zagabriae 1795), S. 204 f.

auch nicht einmal das Wenige mehr sicher zu erkennen, das Mommsen gegeben hat. Derselbe mag hier indessen schärfer gesehen haben.

Das ganze Monument besteht aus einem einzigen ansehnlichen Steine, weissem Marmor, und ist nach R. Gaupmanns Messung 4,94 M. hoch, 1,82 M. breit und 0,39 M. dick. Nicht allein die Grösse, sondern auch der reichliche Bildschmuck zeichnen es aus. Für dessen Erkennen sind wir, so weit ich, wie auseinandergesetzt wurde, ältere Zeugnisse (namentlich nach Mommsens Nachweisungen a. a. O.) verfolgen konnte, einzig und allein auf das heute noch Vorhandene angewiesen. Ohne den Aufbau und die Theilung des Ganzen, da ja die Abbildung (Taf. V) das zeigt, erst zu beschreiben, beginne ich mit dem untersten Relieffelde. Es reicht nicht in ganzer Breite über die Fläche des Steins; es ist vielmehr ein wenig schmaler, als das Inschriftfeld darüber. Zu jeder Seite war noch ein kleines, oben giebelähnlich abgeschlossenes Feld angebracht, wie solche auch auf den Schmalseiten des Steins (Taf. VI) vorkommen, und, wie auch auf den Schmalseiten, stand in jedem dieser kleinen Seitenfelder eine einzelne Figur; links ist sie noch wirklich sichtbar, rechts müssen wir sie annehmen. Was diese Figuren vorstellten, lässt sich nicht mehr sagen. Dass sich in dem zwischen ihnen befindlichen Mittelbilde dagegen die Hauptsache aus den grossentheils zerstörten Bildformen noch hat herauslesen lassen, verdanken wir der grossen Sorgfalt, welche Victor Jasper auf die Zeichnung des „Prangers" im Jahre 1871 verwandte. Bei meiner ersten Besichtigung des Monuments im Jahre 1870 erkannte ich so gut wie nichts in diesem untersten Felde, jedenfalls nichts, das auf eine Deutung hätte leiten können. Als nachher Jaspers Zeichnung mir zu Händen kam, war sofort klar, dass, wenn die Einzelnheiten, die sie bot, begründet waren, der Sinn der Gesammtdarstellung dieses untersten Feldes keinem Zweifel unterliegen könne: Orpheus vor den Herrschern der Unterwelt, hinter deren Throne Hermes mit Petasos und Kerykeion steht, während hinter Orpheus noch zwei oder drei sehr undeutlich gewordene Figuren folgen. Jasper war bei dem, was er zeichnete, durch keinerlei Erklärungsvermuthung voreingenommen, verdiente deshalb allen Glauben für die Einzelnheiten, die er bot und die zur Annahme einer, mit der oberen unzweifelhaften Orpheus-Darstellung so merkwürdig zusammenstimmenden Scene führten. Dennoch wollte ich mich erst noch mit eigenen Augen überzeugen. Im Herbst 1872 hatte ich abermals Gelegenheit Pettau zu berühren. Ich kam an einem mondscheinhellen Abend an, konnte es nicht lassen sogleich den „Pranger" aufzusuchen, und, was ich früher bei Tageslicht nicht gesehen hatte, erkannte ich, nachdem Jaspers Zeichnung darauf aufmerksam gemacht hatte, sogar beim Mondlichte völlig deutlich. Am andern Tage setzte ich die Revision fort und konnte nun noch einige Züge selbst sicherer als Jasper constatiren, die später beim Stich benutzt wurden. Am unzweifelhaftesten ist vor Allem der Hermes[1] mit seinen schon genannten Attributen ganz rechts; nur mit dem Oberleibe wird er hinter dem Throne, dessen Hinterfuss, Lehne und Sitzbrett völlig sicher sind, sichtbar. Auf diesem Throne sitzt eine allerdings ganz undeutlich gewordene Gestalt. Die ihr zur Rechten sitzende Figur ist aber unzweifelhaft eine weibliche. Mehr geschützt im Grunde des Reliefs, ist namentlich vom Knie abwärts ihre Bekleidung, Ober- und Untergewand, noch erhalten. Auf dieses thronende Paar zu schreitet von links her eine Gestalt in kurzem Gewande, ganz unzweifelhaft die Leier spielend. Die schon ausgesprochene Deutung dieser vier Figuren wurde

---

[1] Diese Figur erkannte, wie ich nachträglich erfahre, bereits richtig Müllner in der Grazer Tagespost, 19. Juni 1873, Morgenblatt. Die Kopfbedeckung des Pilens sah auch Katanczich a. a. O. S. 205.

vollkommen, wie sie auf Grund der Jasper'schen Zeichnung sich ergeben hatte, durch die Revision des Monuments selbst bestätigt. Zunächst hinter Orpheus ist vollständige Zerstörung eingetreten; dem Raume nach könnte allenfalls eine Figur hier gewesen sein. Von zwei andern Figuren und zwar voran einer in langem Gewande, also weiblichen, dahinter einer mehr männlich scheinenden, ist links von der zerstörten Stelle am Ende des Reliefs noch der untere Theil kenntlich geblieben. Die scheinbar männliche Gestalt, welche also den Schluss der Darstellung auf dieser Seite macht, könnte sich einer schwachen Spur nach auf einen Stab oder eine Keule gestützt haben. Daraufhin eine Benennung der Figur zu versuchen, läge nahe; doch scheint es mir gerathener, damit zurückzuhalten. Nahe liegt ja auch den Namen Eurydike für den bezeichneten Rest einer weiblichen Figur zu verwenden. Doch will ich auch hier nicht die sichere Gesammterklärung durch Zuthat unsicherer Einzelbenennungen vermehren. Genug, dass das ganze unter der Inschrift befindliche Bild Orpheus Eindringen in die Unterwelt darstellt.

Dem entspricht oben über der Inschrift das Hauptbild des ganzen Steins, die so geläufige Vorstellung des Orpheus, der, umgeben von allerlei Gethier, die Loier spielt. Die typische Tracht der „phrygischen" Mütze fehlt nicht. Die sonstige Bekleidung oder Nacktheit ist nicht deutlich, nur ein weiter Mantel fällt hinter dem Rücken her über das rechte Bein. Das gleichartige Grabrelief zu St. Martin am Pacher (Taf. VII, 1) zeigt dieselbe Anordnung des Mantels, der dort deutlich auf der rechten Schulter geknüpft ist und zeigt auch ganz deutlich noch ein Untergewand. Von den Thieren sind einige gut kenntlich und werden durch die Wiederholung von St. Martin am Pacher bestätigt: rechts namentlich Elephant, Stier und Löwe, über dem Löwen vielleicht ein Hirsch, und über diesem und dem Stiere vielleicht ein Fuchs. Links ist am deutlichsten das Kameel, unten zumeist in der Ecke ein Eber. Diese ganze Thierversammlung um den Orpheus ist wie von einer Grotte überwölbt, über der in den obern Eckzwickeln verschiedene Vögel, aber auch links eine Schlange und zumeist rechts ein Affe angebracht sind. Endlich muss ich noch angeben, ohne eine Erklärung dafür sicher äussern zu können, dass links oben über der Schlange Etwas, wie ein Kasten mit geöffnetem Deckel, vorhanden zu sein scheint.

Der Streifen unter dieser Orpheus-Darstellung ist mit laufenden Thieren, ganz links einem gehörnten, mitten einem Stiere und andern undeutlicheren, gefüllt. Auf dem Exemplare von St. Martin am Pacher (Taf. VII, 1) sind es zwei Hunde und ein Hase dazwischen, eine Zusammenstellung, die auch auf anderen Grabsteinen benachbarten Fundorts [1] an analoger Stelle auf schmalen Streifen vorkommt.

Der Streifen über der Orpheus-Darstellung ist mit Geflügel, unter dem man einen Hahn, vielleicht rechts einen Pfau zu unterscheiden glaubt, gefüllt. Der Streifen an gleicher Stelle auf dem Monumente von St. Martin am Pacher ist leer.

Dass die Thierbilder in diesen beiden Streifen mit der Darstellung des Orpheus unter den Thieren zusammenhängen, lässt sich kaum behaupten, da sie, wie gesagt, zur Ausfüllung ähnlicher Streifen auch auf Grabsteinen, auf denen die Orpheus-Darstellung fehlt, vorkommen und die laufende Bewegung der Thiere ziemlich bestimmt gegen einen solchen Zusammenhang spricht.

---

[1] Ein Beispiel von sehr guter Arbeit im Joanneum zu Graz auf der Stiege zur Bibliothek.

In dem weiter oben folgenden Giebelfelde ist eine der Form nach ziemlich deutliche, trotzdem mir aber unverständliche Scene dargestellt. Den Hauptraum füllt eine, im Rücken gesehen gelagerte, weibliche Figur. Nur um die Beine ist ein Gewand geschlagen. Auf den linken Arm gestützt, wandte sie sich wahrscheinlich (der Kopf ist sehr zerstört) nach einer neben ihr mit über den Kopf geschlagenem Arme wie schlafend liegenden Gestalt. Auf dem Exemplare von St. Martin am Pacher (Tafel VII, 1) ist noch der Rest der gleichen Gruppe an gleicher Stelle erhalten, ebenso auf dem Reste eines dritten weiterhin zu nennenden Exemplars am Thurme zu Pettau.[1]

Sowohl dieses Pettauer Fragment, als das von St. Martin zeigen in ihrem oben erhaltenen Theile, dass dort gerade so, wie auf dem Pettauer „Pranger", die Zwickel jederseits über dem Giebel mit je einem schwebenden geflügelten Knaben, der jedesmal eine Fackel zu halten scheint, gefüllt waren.[2] Die Mehrdeutigkeit eines solchen Typus macht eine ganz bestimmte Erklärung wiederum schwer.

Endlich folgt zu alleroberst über horizontal-geradlinigem Abschlusse eine Krönung des ganzen Monuments, welche sich von anderen Grabsteinen mehr oder weniger gleichartig noch mehrfach erhalten findet. Es ist jederseits ein nach aussen gewandt liegender Löwe, welcher jedesmal eine Vordertatze auf einen nicht mehr ganz deutlichen Gegenstand legt. Nach besser erhaltenen Wiederholungen dürfte es bei jedem Löwen ein Widderkopf[3] sein. Wir finden hier, zwar in bereits erstarrter Bildung, den formellen Ursprung eines später unter die architektonisch-ornamentalen Motive der christlich-romanischen Kunst aufgenommenen Typus,[4] der allerdings bei diesem Übergange seinen ursprünglichen Sinn verloren oder verändert haben kann. Inmitten zwischen den Hintertheilen der Löwen erhebt sich ein bärtiger menschlicher Kopf, dessen hohe obere Form eine weitere Erklärung fordert, welche die Zerstörung schwierig macht und welche auch keine der mir genauer bekannten Wiederholungen derselben Form der Grabmalkrönung erleichtert. In solchen Wiederholungen, welche gerade in den nächsten Regionen, in Noricum und bis nach dem grossen Mittelpunkte von Aquileja hin nachweisbar sind,[5] befindet sich zwischen den

---

[1] Einigermassen ähnlich, worauf Sacken mich aufmerksam macht, ist die auf Felsen gelagerte weibliche Figur eines Grabsteins aus dem Erbersthale bei Hallstadt (Arneth, Sitzungsber. der k. Ak. XL, 1863, S. 697 ff. Sacken und Kenner die Sammlungen des k. k. Münz- u. Antiken-Cabinetes, S. 46, n. 701 b.), für welche die nächsten Analogien auf römischen Cinerarien sich finden dürften.

[2] Dieselben Figuren erscheinen an gleicher Stelle an dem oberen Reste eines Grabsteins von St. Johann am Draufelde, seit kurzem im Joanneum in Gratz, dessen Photographie mir durch Picklers Vermittlung vorliegt, und an einem gleichen Stücke zu Hans am Pacher, dessen Kenntnis ich einer der k. k. Centralcommission eingesandten Zeichnung Müllners verdanke. Das Giebelfeld selbst ist auf diesen beiden Steinen mit einer Darstellung des verwandten Adonis, den Aphrodite und Eroten pflegen, gefüllt.

[3] So hat Müllner in einer der k. k. Centralcommission übersandten Zeichnung auch am Aufsatze des „Prangers" unbedenklich ganz deutlich gezeichnet.

[4] Ein Beispiel am Portale des Doms zu Ferrara bringt mir Lübke in Erinnerung, andere müssen namentlich in Oberitalien, aber auch darüber hinaus, sich finden. Eine Zusammenstellung der romanischen Beispiele gerade dieses Typus (Löwe mit Widder oder Widderkopf unter sich) ist mir nicht bekannt.

[5] A. Über der Thür des Hauses Rhuper, n. 4 der oberen Draugasse, in Pettau ist eine solche Krönung eines römischen Grabsteines eingemauert, durch heutige Bemalung entstellt, aber gut erhalten. Die Widderköpfe unter den Tatzen der Löwen sind ganz deutlich. Zwischen den auswärts gewandten Löwen die Cista. (Selbst gesehen.)
B. Gleiches Exemplar im Joanneum zu Gratz, an der Stiege zur Bibliothek. Statt der Widderköpfe nur akroterienartige Erhöhungen. (Selbst gesehen.)
C. Deckel eines Cinerars. Aus Aquileja. In Botterio bei Conte Toppo. Die beiden liegenden Löwen sind hier nach vorn gekehrt. Zwischen ihnen erhebt sich der Rest einer ganz verstümmelten Form. Ganz deutlich ist unter einer Vordertatze eines jeden Löwen ein Widderkopf. (Selbst gesehen.)
D. Grabsteinkrönung in Gonovitz. Abgebildet bei Muchar Steiermark I, Taf. IV, VII. Die Figur zwischen den Löwen wird den Icarus darstellen. Sculpturreste, welche auf diese Deutung führen, befinden sich im Joanneum zu Gratz und im kais. Antiken-Cabinet zu Wien (Pichler, Mitth. des histor. Vereins für Steiermark XIX, 1871, S. 85 f.).

Löwen statt des Kopfes nicht selten eine ganz deutlich als geflochten und wie mit Bandwerk umgeben gebildete Cista. Genau dieselbe Form der Cista kommt in diesen selben Gegenden auch allein als Grabaufsatz[1] vor. Während die Bedeutung des bärtigen Kopfes[2] dahingestellt bleiben muss, dürfte die mit ihm in diesen Grabsteinaufsätzen zwischen den Löwen wechselnde Cista keine wahrscheinlichere Deutung zulassen, als auf ein Geräth des Cybele-Cultus, dem in diesem Zusammenhange[3] auch die Löwen sammt den Widderköpfen (Kriobolien) angehören könnten. Eine solche geflochtene, allerdings nicht mit dem Bandwerk der norischen und benachbarten Grabsteine versehene Cista erscheint auch auf dem Grabsteine eines Cybelo-Priesters im capitolinischen Museum.[4] Das mehrfache Vorkommen von Attys-Figuren auf Grabsteinen derselben Zeit und gerade auch in den nordöstlichen Provinzen des römischen Reichs rechtfertigt es, solche auf den Cybele-Cultus bezügliche τελετῆς συντήματα auf Grabsteinen, wie der sog. ‚Pranger' von Pettau, vermuthungsweise anzunehmen.

Wir haben noch die Ornamentik der schmalen Seitenflächen zu beachten (Taf. VI), welche sich auf beiden Seiten, einander genau auch in dem figürlichen Theile entsprechend, wiederholt.

Zu oberst, dem Giebelfelde auf der Vorderseite der Stellung und Höhe nach gleich, ist ein giebelförmig oben geschlossenes Feld mit einer, der Bewegung der Arme nach etwa Schallbleche (κρόταλα) schlagenden, weiblichen, halb entblösst in wehendem Gewande tanzenden Figur gefüllt. Darunter entspricht ein viereckiges mit einem Thierbilde gefülltes Feld dem Vogelstreifen der Vorderseite. In gleicher Höhe mit dem Orpheus-Relief der Vorderseite steht dann seitwärts je ein oben halbkreisförmig geschlossenes Feld mit einer halb von hinten gesehenen, scheinbar männlichen Gestalt, die in tanzendem Schritt in der eignen ausgestreckten Hand Etwas hält. Es folgt, wiederum dem Streifen mit den laufenden Thieren auf der Vorderseite entsprechend, jederseits ein viereckiges Feld abermals mit einem Thierbilde. Endlich seitwärts vom Inschriftfelde der Vorderseite sind übereinander je zwei Felder auf den Schmalseiten angebracht, das

---

E. Zu St. Kunegund. Abgebildet bei Muchar I, Taf. VII, XII. Die Abbildung gibt wiederum Widderköpfe unter den Tatzen der Löwen. Inmitten ist ein bärtiger Kopf, wie ein ‚Pranger', hier mit grossem rundem Anfsatze.

F. Zu Strassgang. Abgebildet bei Muchar Taf. XVII, XXIV. Wie E. Nur der Kopfaufsatz erscheint hier zerstörter.

G. Zu St. Margarethen. Abgebildet bei Muchar Taf. VII, XIV. Nur zwei Löwen.

Vergl. Mantovani museo Opitergino (Bergamo, 1874) n. 44. 71. 73. 140. Drei ähnliche Exemplare im Museum zu Catajo. Andere führt Müllner kurz an in der Grazer Tagespost, 17. Juni 1873.

[1] A. Ein colossales Exemplar, auf dem als Krönung ein Pinienzapfen sich befindet, sah ich als Eckstein am Bräuergarten in der Kanizsavorstadt zu Pettau angebracht.

B Ein Exemplar aus Aquileja, in der Ritter'schen Sammlung im Gehöft zu Monastero, 0,27 M. hoch, hat zweierlei Besonderheiten. Erstens sind obenauf noch verschiedene abgebrochene Reste, wie von Thierklauen, vorhanden; sie scheinen von Löwenfiguren herzurühren. Zweitens ist vor der wie immer geflochtenen und noch mit Bandwerk umzogenen Cista in kleinen Relieffiguren ein von einem Ziegenbock gezogener Wagen dargestellt, auf dem eine Figur obenauf, eine andere vorn als Kutscher sitzt.

C. D. Zwei ganz gleiche Exemplare aus Aquileja. Das eine, von bester Erhaltung (Durchmesser obenauf etwa 0,50 M.), befindet sich beim Grafen Cassis im Gehöft zu Monastero. Es trägt auf einer Platte vorn das für die sepulcrale Verwendung beweisende D. M. S. Von demselben Buchstaben ist an gleicher Stelle wenigstens das M noch deutlich auf dem zweiten Exemplare, welches zur Sammlung Monari im heutigen Aquileja gehört.

[2] Auch an der mehrfach wiederholten Benennung ‚Jupiter Ammon' fehlt ein bestimmter Grund; Widderhörner sind nicht zu erkennen.

[3] Das Bild des Löwen, welcher verschiedenerlei Thiere, darunter auch Widder (s. H. Paus. II, 2, 4), bewältigt, erscheint im Alterthume in einem nach Zeit und Bedeutung sehr weiten, von Zusammenstellung und Erklärung noch kaum durchmessenen Umfange. Jüngst hat Usener dasselbe behandelt (de Iliadis carmine quodam Phocaico, Bonnae 1875, p. 5 sqq.) Er findet in dem Löwen die Grundbedeutung eines Bildes des Todes. Über das mittelalterliche Löwenbild s. Heider Die romanische Kirche zu Schöngrabern in N.-Ö. S. 188 ff.

[4] Müller-Wieseler Denkm. d. a. Kunst II, 817. Ohne das Bandwerk auch auf einem Ornamentsteine zu S. Andreas bei Wölfnitz in Kärnten.

obere oben spitz, das untere oben rund abgeschlossen; im ersteren wiederholt sich die scheinbar Schallbleche schlagende weibliche Figur der alleroberston Seitenfelder, nur dass sie dort oben von vorn, hier unten von rückwärts gesehen erscheint, im untersten Felde ist dagegen eine laufende oder tanzende, nackte, scheinbar männliche Figur, deren Einzelheiten wenig deutlich geblieben sind, angebracht. Damit schliesst unten die Verzierung der Seiten. Entsprechend dem untersten Relief der Vorderseite mit Orpheus in der Unterwelt sind keine Felder mit Figuren mehr auf den Schmalseiten, dagegen sind sie hier, wie wir sehen, zu jeder Seite jenes Reliefs auf die Vorderseite gerückt.

Man wird in den lebhaft bewegten, männlichen und weiblichen Figuren in den Feldern der Schmalseiten, zumal um der vermuthlichen, wiederholt vorkommenden Krotala willen, mit grösster Wahrscheinlichkeit Bacchanten' erkennen, um so mehr, da auf anderen Monumenten benachbarten Fundorts solche noch deutlicher charakterisirt und in gleicher Einrahmung' vorkommen.

Vermuthliche Abzeichen des Cybele-Cultus und diesem Cultus durchaus zugehörige bacchische Figuren gesellen sich also zu dem Hauptbildwerke des ganzen Monuments, dessen Giebelgruppe mir leider unverständlich bleibt. Diese Hauptbildwerke sind zwei Darstellungen des Orpheus, die eine, wie er die Thiere, das andere Mal, wie er die Unterwelt mit seinem Saitenspiel bezwingt.

Der bildliche Schmuck des grossen Pettauer Grabsteins erscheint also grossentheils aus Emblemen einer auch sonst vielfach als bis in die späteste Zeit des Alterthums hinein mächtig bezeugten Combination religiöser Vorstellungen zusammengesetzt. Es ist der Cultus der Cybele und des Dionysos mit Orpheus als Propheten.' Die Spuren dieser bereits vielbesprochenen Cultusgruppe in allerlei Abzeichen gerade auf Grabsteinen ' der späterrömischen Zeit vollständiger zu sammeln und im Zusammenhange zu behandeln, wäre eine für Religionsgeschichte gewiss nicht ganz undankbare Aufgabe, der nachzugehen hier jedoch nicht unternommen werden kann, wo wir uns auf möglichst zuverlässige Herausgabe der einzelnen Monumente nebst einer beim Allernächsten stehenbleibenden Erklärung beschränken. Auch eine Wiederholung und Vervollständigung der bisher schon mehrfach versuchten Zusammenstellungen der Orpheus-Darstellungen ' unterlasse ich hier. Nur als neue Belege für die Verbreitung dieser Darstellungen in den Poetovio nächstbenachbarten Gegenden führe ich ein vor einigen Jahren auf dem Platze von Carnuntum aufgedecktes, jetzt im gräflich Traun'schen Schlosse zu Petronell bewahrtes Mosaik ' und den Rest einer statuarischen Darstellung des Orpheus aus Aquileja in der Ritter'schen Sammlung zu Monastero ' an.

---
[1] Vergl. s. II. zu der Figur der obersten Felder Müller-Wieseler Denkm. d. a. Kunst. II, Taf. XXXVII, 437 rechts; ist dieser Figur auch moderne Restauration, so illustrirt sie das Bewegungsmotiv doch vollkommen.
[2] Eine Tänzerin mit Krotala in den Händen, sehr ähnlich bewegt, auf einem Römersteine an der Pfarrkirche zu Tiffen bei Feldkirchen oberhalb Moosburg in Kärnten (nach einer mir vorliegenden Zeichnung Jabornegg's).
[3] De Rossi, bull. di archeol. christiana 1868, S. 56.
[4] Z. B. Gerhard antike Bildwerke Taf. 28. Die Attys-Bilder auf späterömischen Grabsteinen (z. B. Montfaucon, ant. expl III zu p. 82. In Salona auf dem Grabsteine des Q. Aerosius Firminus C. I. L. III, 2. Addit. 6334) sind schwerlich mit Friederichs (Berlin's antike Bildw. II, S. 436, z. 2048) in dem allgemeinen Sinne zu fassen, wie manche mythische Scenen auf Sarkophagen. Wie die übrigen Embleme des Cybele-Dienstes dürften sie vielmehr als Abzeichen einer bestimmten Religionsform zu fassen sein, ganz wie die ihnen bald gegenübertretenden christlichen Embleme.
[5] Die sepulcrale Beziehung der Orpheus-Darstellungen tritt bereits auf einer Reihe grosser unteritalischer Vasenbilder deutlich hervor. Vergl. z. B. V. Valentin Orpheus und Herakles in der Unterwelt. Berlin, 1865. Vergl. Lubeck Agaophamus, S. 806. ff.
[6] v. Sacken in den Mitth. der k. k. Centralcommission aus Erf. u. Erh. der Baudenkmale XVIII, 1873, S. 26.
[7] Fragment von weissem Marmor, etwa 0,60 hoch erhalten. Unter einem Eichbaume, auf dem drei Vögel sitzen, ist noch der Kopf eines zarten langhaarigen Jünglings mit phrygischer Mütze erhalten. Alles Übrige darunter ist verloren. Die Gruppe befand sich, frei ausgearbeitet, vor einem höher als sie emporsteigenden rundlichen Pfeiler, der ganz oben breiter wird und

Eine grössere Gemeingültigkeit der auf dem Pettauer grossen Grabsteine angebrachten Bildersymbolik wird namentlich auch durch die Existenz eines zweiten, so weit es noch erhalten ist, im Wesentlichen ganz gleichen Exemplars bezeugt. Ich habe das Originalfragment, welches in der südlichen Aussenmauer der Kirche St. Martin am Pacher eingelassen ist, im Jahre 1870 selbst gesehen und habe die Einzelheiten notirt. Unserem Stiche (Taf. VII, 1) liegt eine hiernach von mir controlirte Zeichnung, welche V. Jasper im Jahre 1871 an Ort und Stelle nahm, zu Grunde. Wenn der Stein in der Abbildung bei Muchar (a. a. O. I, Taf. VII, Fig. XV), die auch sonst durchaus unzuverlässig ist, vollständig erscheint, so ist das sicherlich unbegründete Ergänzung, wie man am deutlichsten aus der Inschrift ersehen kann. Die Inschrift habe ich im Wesentlichen ganz wie Wilmanus (C. I. L. III, 2, n. 5292) abgeschrieben; rechts von dem Streifen mit dem Hasen zwischen zwei Hunden dürfte noch der Rest eines M, dem dann links D entsprach, zu erkennen sein.

Noch ein drittes, so weit der allerdings sehr geringe Rest reicht, im bildlichen Schmucke gleiches Exemplar dieses Grabsteins ist in Pettau am Thurme eingemauert vorhanden. Ich wies vorher schon auf dasselbe hin. Es soll nach Prof. R. Gaupmann's Angabe zu St. Johann am Draufelde gefunden[1] sein. Dasselbe besteht nur noch aus einem Stücke des Giebels, in dem von der räthselhaften Gruppe nur die weibliche Hauptfigur noch zu erkennen ist; ausserdem ist, wie bereits oben erwähnt wurde, rechts im Zwickel über dem Giebel der fliegende Flügelknabe mit der Fackel in der Hand noch vorhanden, aber Alles im Zustande starker Verwitterung.

Am Thurme zu Pettau sind durch Povoden's Fürsorge ausser dem obengenannten noch verschiedene andere antike Bild- und Inschriftsteine eingemauert, darunter das links und unten abgebrochene Relief, das auf Taf. VII, 2 nach Jasper's Zeichnung und meinen Notizen mitgetheilt ist. Der Stein ist im Ganzen noch etwa 0,50 M. breit und 0,34 M. hoch. Die Ausführung ist die roheste. Dennoch unterliegt die Bedeutung der Darstellung keinem Zweifel. Es ist Aktaion, der, bis auf eine scheinbar zur Abwehr über den linken Arm geworfene Chlamys nackt, ins Knie gesunken mit seinem Lagobolon in der Rechten sich gegen die Hunde wehrt, von denen einer vor seinem linken Knie sichtbar ist, ein anderer ihn an der linken Schulter anfällt; der Kopf eines dritten wird in der Ecke oben rechts über den vier unförmlichen, erhaben stehen gelassenen Klumpen, die vielleicht Felsen andeuten sollen, sichtbar. Sehr ähnlich, aber doch nicht geradezu als Wiederholung zu bezeichnen, kommt dieselbe Scene in einem auch ziemlich rohen und sehr verwaschenen Relief im städtischen Museum zu Salzburg (n. 18) vor. Dort scheint das Geweih am Kopfe des Aktaion noch kenntlich zu sein.

Zu den am Thurme zu Pettau eingesetzten Reliefs[2] gehören noch, als einer zuverlässigen Abbildung nicht ganz unwerth scheinend, die vier auf Taf. VIII, 1 u. 2 und IX, 1 u. 2 nach Zeichnungen Jasper's, für die ich nach zweimaliger Berichtigung der Originale einstehen kann, gestochenen Stücke.

---

auf seiner Oberfläche ein Loch hat, also irgendwie als Träger diente. Diese ganze Anordnung ist in römischer Zeit nicht ungewöhnlich; vergl. z. B. v. Sacken, Die antiken Sculpturen des k. k. Münz- und Antiken-Cabinetes zu Wien. Taf. XI. Ann. dell' inst. 1866, Tav. d'agg. P, 1. 2, ferner einen Bellerophon im Wärterhäuschen der Akropolis zu Athen (Heydemann 812).

[1] So auch Müllner, Grazer Tagespost 1873, n. 79.

[2] Es mussten als zu geringfügig bei Seite gelassen werden:
    die nabe Reiterfigur auf dem Grabsteine des C. Rufus (C. I. L. III, 1, n. 4061),
    das ornamentale Beiwerk (im Giebel Gorgoneion zwischen zwei Vögeln, oben in den Zwickeln darüber je ein Delphin) unter dem Inschriftfelde ein Becher zwischen zwei Kränzen) am Grabsteine des C. Cornelius (C. I. L. III. 1, n. 4057), die Relieffigur eines behelmten nackten Kriegers mit Schild und Speer.

Die auf Taf. VIII, 1 gegebene Relieffigur ist so schlecht erhalten, dass nur die Auffindung einer analogen Darstellung von besserer Erhaltung einmal zu einer Deutung führen kann. Dazu soll die Abbildung die Möglichkeit bieten. Ich habe derselben sonst nichts hinzuzusetzen. Zwei ältere Zeichnungen, die mir W. Klein aus Gratz verschaffte, geben auch keinerlei Aufschluss.

Einfach erklärt sich dagegen das Bildwerk eines auch am Thurme befindlichen, über 0,40 M. dicken, 0,65 M. breiten und 1,19 M. hohen Steines ohne Inschrift. In St. Johann am Draufelde gefunden.[1] Auf Taf. VIII, 2 ist es wiederum nach Jasper's von mir controlirter Zeichnung gestochen. Es ist eine jener Gestalten, wie sie der hellenistisch-römischen Kunst eigenthümlich sind, poetisch-bildnerische Schöpfungen, weder dem Leben noch dem Mythos angehörig, eine spielend idealisirte Wirklichkeit. Ein junger Mensch, um dessen Hüften nur ein leichtes Gewand gegürtet ist, trägt auf einem Tragholz gewaltige Weintrauben auf der Schulter, in der rechten Hand noch irgend einen Gegenstand, der nicht sicher zu erkennen ist. Pettau ist noch heute ein guter Weinort, wurde dazu jedenfalls in römischer Zeit. Von dieser Vorzeit des Pettauer Weinbaues zeugt das Relief, das zu einem grösseren Monumente, vermuthlich einem Grabmale, gehörte. Ein zweites solches monumentales Zeugniss für das Alter des Pettauer Weinbaues sah ich noch im Jahre 1870 aussen an der Kirche zu Haidin bei Pettau eingemauert. Es war ein Relief von weissem Marmor, etwa 2,30 M. lang und etwa 0,50 M. hoch erhalten; nach unten war aber schon Etwas verloren gegangen. Damals war es schon verwischt und durch Übertünchung unansehnlich gemacht. Jetzt ist es beim Umbau der Kirche, ich habe nicht in Erfahrung bringen können, wohin gerathen. Dieses Relief zu Haidin, das auch von einem Grabmale herrühren wird, zeigte als Erinnerung an die Lebensfreude eine Scene im Weingarten, ganz wie sie in verändertem Costume noch heute den Höhenpunkt der Existenz der meisten wohlhabenden Pettauer bildet. In der Mitte lagerten auf einer Kline mit Rücklehne zwei Erwachsene, scheinbar Mann und Frau, und zwei Kinder, vor ihnen kamen jederseits zwei Gestalten, zwei oder drei davon mit einem Trinkgefässe in der Hand, auf einen gerundeten Tisch, der mitten vor der Kline sich befand, zu. Rechts war noch eine Figur, die ein unkenntliches Geräth, wie eine grosse Schale, emporhob. Von jeder Seite her streckte sich eine grosse Weinranke mit Blättern und Früchten, wie eine Laube über die Scene hin. Auch der Tracht nach, so viel davon noch zu sehen war, war hier Alles ganz dem Alltagsleben entnommen.

---

die beiden Figuren auf zwei Seiten eines Inschriftsteines daselbst, diese, weil sie zu zerstört sind. Es ist einerseits eine weibliche Figur in kurzem Gewande mit gehobener Linken, mit der sie schrinlar ein Gefäss oder einen Korb auf der Schulter zu halten scheint; die Rechte ist gesenkt; unterhalb derselben ist ein gerundeter Gegenstand ganz unkenntlich geworden. Andererseits eine männliche Figur, die mit gehobener Rechten einen Mnak oder Speer aufrecht auf den Boden gestellt hält, in der Linken aber einen zerstörten Gegenstand, etwa ein Schwert, fasst. Von der Bekleidung dieser Gestalt ist noch ein nicht ganz auf die Knie reichender Rock und an über den linken Arm geworfenes Mäntelchen kenntlich. Ein Panzer ist nicht ganz deutlich zu sehen, doch war er vermuthlich vorhanden. Der Stein rührt aus St. Johann am Draufelde her (Müllner, Grazer Tagespost 1873, n 79).

Die Figuren auf beiden Seiten des Inschriftsteines C. I. L. III, 1, n. 4020 sind, wie Muchar (l, 8. 443) und Steinbüchel (Wiener Jahrb. für Lit. Band 15, Anzeigbl. S. 60, n. 8) bereits richtig angaben, links Juno (stehend, Gewand über den Kopf greifend, in der Linken ein Sceptrum, in der Rechten eine Schale), rechts Jupiter (stehend, in der Rechten den Blitz, die Linke auf das Sceptrum gestützt). Die Rückseite des Steins steht gegen die Mauer gekehrt; ich weiss nicht, ob da die zwei von Muchar erwähnten Kriegerfiguren sich befänden. Die Tirostalt der Juno entspricht ganz der auf einem Steine von Celeja C. I. L. III, 2, n. 5167, wo sie keine Fackel, sondern auch ein Scepter hält (Arneth, Milzungsber. der k. Ak. XXXII, 1859, Taf. I). Beide Juno-Figuren gehören in die Reihe bei Overbeck griech. Kunstmyth. III, S. 132, 2.

Auf dem Scrapis-Steine C. I. L. III, 1, n. 4044 ist links ein Palmzweig, rechts ein Caduceus in Relief dargestellt.

[1] Müllner, Grazer Tagespost 1673, n. 79.

Ein anderer Reliefstein am Thurme (Taf. IX, 1), etwa 0,80 M. breit und hoch, ohne Inschrift, zeigt die Darstellung eines Opfers, das von drei Männern dargebracht wird. Inmitten ist der brennende Altar. Alle drei Opfernde sind in Tracht, Haltung und Handlung einander völlig gleich. Ein Jeder trägt die Toga und zwar zum Opfer über das Hinterhaupt gezogen. In der Rechten die Schale zur Spende und in der Linken ein aufrecht gehaltener Zweig mit spitzen, so weit also lorberähnlichen Blättern wiederholen sich bei allen Dreien ganz gleichmässig. Bei dem ausserordentlich verbreiteten Gebrauche gerade von Lorberzweigen bei allerlei Reinigungs- und anderen Opfern[1] erscheint es einstweilen unmöglich, das hier gewiss auf einer Votivtafel dargestellte Opfer näher zu benennen. Auch von sehr kundiger Seite habe ich darüber keine bestimmtere Aufklärung erhalten können.

Das letzte Bildwerk unter den am Thurme eingelassenen, welches einer Abbildung (Taf. IX, 1) würdig schien, wurde nach Povoden's Zeugnisse (C. I. L. III, 1, n. 4052. 4053) im Jahre 1800 in der sogenannten Waldhütte gefunden. (Etwa 0,39 M. hoch und 0,30 M. breit erhalten.) Eine Frau, die in einem Lehnstuhle von einer in spätrömischen Bildwerken nicht seltenen Form, mit einem Schemel zu Füssen, sitzt, ist in ein von der linken Schulter gelöstes Untergewand und ein um den Schooss geschlagenes Obergewand gekleidet. Sie reicht die linke Brust einem Säuglinge, den sie im linken Arme hält. Neben ihr steht rechts eine weibliche Gestalt im gegürteten Untergewande, die mit beiden Händen eine Muschel vor dem Schoose hält. Der Stein ist links abgebrochen und wie damit der Anfang der Inschriftzeilen verloren gegangen ist, so wird dort das Bildwerk auch nicht mehr vollständig sein. Man darf noch eine weibliche Gestalt mit einer Muschel dort ergänzen und jedenfalls werden mit den dargestellten Gestalten die Nymphen gemeint sein, denen der Stein als Votiv dargebracht wurde. Nymphis aulg. ist am Anfange der Inschrift dann zu ergänzen, wie noch eine gleichlautende Weihung aus der Umgegend von Pettau nachzuweisen ist (C. I. L. III, 1, n. 4043). Die Darstellung der Nymphen, wie sie eine Muschel vor sich halten,[2] ist ebenso bekannt wie die ihnen zugeschriebene Eigenschaft der Kindernährerinnen.[3]

Eine grosse Ähnlichkeit mit diesem Votivrelief hatte ein anderes jetzt zu Grunde gegangenes Pettauer Relief (C. I. L. III, 1, n. 4047) mit der Unterschrift: Pro salute Fortuni posuit Fortunatus; da sitzt zur Rechten auf einem Throne eine Frau mit entblösster Brust und einem Kinde im Arme; zu ihr tritt von links her eine weibliche Gestalt heran, nicht mit einer Muschel, sondern in der rechten Hand mit einem Kruge und mit einem Apfel[4] in der Linken. Die bei der Besprechung des sogenannten „Prangers" hinreichend constatirte Unzuverlässigkeit der Boissard'schen Zeichnung,[5] auf die wir nach dem Verschwinden des Originals angewiesen sind, lässt nicht mehr als die Annahme der Möglichkeit zu, es sei jenes Relief ebenfalls ein Votivrelief an die Nymphen gewesen.

---

[1] Sammlung von Zeugnissen u. A. bei Boetticher Baumcultus der Hellenen S. 326 ff.
[2] Müller, Handbuch der Archaeologie der Kunst §. 403, 4. Stephani C. R. 1870/71, S. 30 ff. 282.
[3] So nähren sie den Zeus und am Tische im Heiligthume der grossen Götter zu Megalopolis war die Nymphe Neda dargestellt διὰ ῥίψκου [τι νήκω παῖδα Pans. VIII, 31, 2. Auf gläsernen Stühlen sitzen die Nymphen Vergil. Georg. IV, 350.
[4] Paus. a. a. O. unter den Nymphenbildern am Tische im Heiligthume der grossen Götter an Megalopolis "Ἀγνὼ τῇ μὲν ὑδρίαν, ἐν δὲ τῇ ἑτέρᾳ φιάλην φέρουσα.
[5] Mir aus dem Grazer Codex 1007, Taf. 9 in einer Durchzeichnung von W. Klein vorliegend, gestochen aus dem Pariser Codex von St. Germain bei Montfaucon, suppl. II, Taf. 33.

Von den zwei auf Taf. X zusammengestellten Reliefs befindet sich das eine (1) unter den im Schlosse Oberpettau zusammengebrachten antiken Überresten.[1] Unten, wie die Abbildung zeigt, unvollständig, misst der Stein (weisser Marmor) 0,64 M. in der Höhe und 0,52 M. in der Breite. Das Reliefbild ist sehr verwischt. Nur die Hauptzüge einer stattlichen, nackten, männlichen Gestalt erkennt man noch. Kenntlich ist in ihrer Linken ein Pedum, in ihrer mit manierirtem Emportreten der Schulter gehobenen Rechten ein Winzermesser; unten zur Seite sass ein Hund, dessen in die Höhe blickender Kopf allein noch erhalten ist.

Das andere Relief (2), dessen Maasse mir nicht angegeben sind, das ich auch nicht selbst gesehen habe, wurde nach Jasper's Aufzeichnung im August 1871 bei oder in Pettau gefunden und gelangte in Besitz des Herrn Ludwig Kofler zu Pettau. Eine im Vergleiche zur vorigen weniger elegant bewegte, männliche Gestalt mit vollbärtigem Kopfe ist mit einer untergürteten Tunica, darüber noch einem Mantel, und mit Stiefeln bekleidet. Mit gleicher Senkung und Hebung des linken und des rechten Arms, wie bei der Figur des vorigen Reliefs hält die Linke einen Zweig, die Rechte ein Winzermesser. Wiederum sitzt zur Seite mit aufwärts gewandtem Kopfe ein Hund.

Die Attribute kennzeichnen ganz unzweideutig den Silvanus und auch das ist nicht neu,[1] denselben Gott auf diesen beiden Reliefs in einer, abgesehen von den nahezu übereinstimmenden Attributen, gänzlich verschiedenen Bildung zu sehen. Der Silvanus unseres Reliefs n. 2 ist der bäurische, in seiner äusseren Erscheinung sich nicht über Tracht und Behaben seiner ländlichen Verehrer erhebende Gott, selbst nur als Hirt, Pflanzer und Forstmann gedacht. Der Schutzgott der wie heute die „Hinterwäldler" im ausgerodeten Walde ländliche Cultur beginnenden und betreibenden Ansiedler[2] steht selbst ganz nur als ein solcher Ansiedler da. Dagegen entspricht die Gestalt des Silvanus auf dem Relief n. 1 der eines Silvanus Augustus.[4] Wenn Trajan den ländlichen Gott auf dem Aventin mit stattlichen Anlagen ehrte, so passt dahin eine mehr idealisirte oder gleichsam geadelte Gestalt desselben, der wir also hier auch in der Colonia Ulpia Trajana wiederbegegnen, wie sonst z. B. auf einem schönen Medaillon Hadrians[5] oder auf dem Achtgötteraltare im Vatican.[6] Vergleichen wir die Darstellungsweise des dem italischen Silvanus unter den griechischen Göttern am meisten entsprechenden Pan, so finden wir auch da neben der gewiss verbreitetsten und volksthümlichsten Gestalt des bocksbeinigen Alten eine idealere, dort jugendlicher gehaltene Bildung.[7]

Als Entstehungszeit der hier zusammengestellten Monumente wird das zweite oder der erste Anfang des dritten Jahrhunderts n. Chr. gelten dürfen, gewiss die Blüthezeit der Colonia Ulpia Trajana Poetovio, welcher die Monumente theils selbst angehören, theils als benachbart nahestehen.

---

[1] Ausser zwei bis zur Unkenntlichkeit verdorbenen Reliefstücken befanden sich in dieser kleinen Sammlung im Jahre 1870 sonst nur noch das Reliefbild einer Nalla ruralis, welches mit gleichartigen Reliefs von Roekan (Solva) und Cilli (Celeja) später herausgegeben werden soll.
[2] Reifferscheid Imagini del dio Silvano e del dio Fauno. Ann. dell' inst. XXXVIII. 1866. S. 210 ff.
[3] Preller röm. Mythologie S. 346 ff.
[4] Reifferscheid a. a. O. S. 214.
[5] Trau in der Wiener Numismat. Zeitschr. II, 1870, Taf. II, 1. Herb. A. Grueber u. Reg. Stuart Poole Roman medallions in the British Museum. London, 1874. Taf. V, 1. Dazu das Relief im Hall. della commissione archeol. municip. Rom a 1874, Tav. XIX.
[6] E. Q. Visconti museo Chiaramonti, Taf. XXI.
[7] Conze Heroen- und Göttergestalten der griech. Kunst, S. 40.

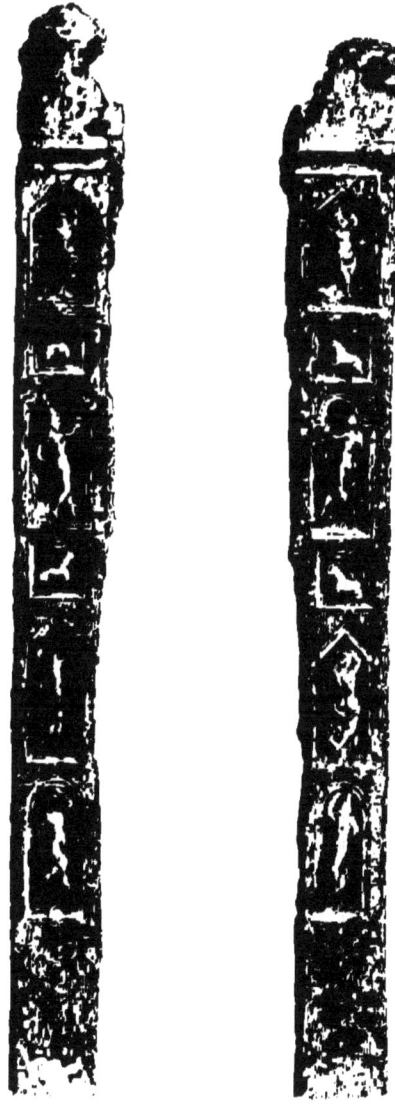

Digitized by

Ganze römische Bildwerke einheim. Fundorts in Oesterreich. Taf. VII.

1.

2.

Denkschriften d. k. Akad. d. Wissensch. philos. histor. Classe VII. XXIV. Bd. 1875.

Conze römische Bildwerke einheim. Fundorts in Oesterreich. Taf. VIII.

Conze römische Bildwerke einheim. Fundorts in Oesterreich. Taf. X.

Denkschriften d.k. Akad. d. Wissensch. philos.-histor. Cl. XXIV. Bd. 1875.

RÖMISCHE BILDWERKE

EINHEIMISCHEN FUNDORTS IN ÖSTERREICH.

HERAUSGEGEBEN

VON

ALEXANDER CONZE.

III. HEFT.

SCULPTUREN IN CILLI, PETTAU UND SECKAU.

MIT TAFEL XI—XVII.

WIEN, 1877.
IN COMMISSION BEI KARL GEROLD'S SOHN.
BUCHHÄNDLER DER KAIS. AKADEMIE DER WISSENSCHAFTEN.

SEPARATABDRUCK AUS DEM XXVII. BANDE DER DENKSCHRIFTEN DER PHILOSOPHISCH-HISTORISCHEN CLASSE
DER KAISERLICHEN AKADEMIE DER WISSENSCHAFTEN.

1 1 APR 1961

Druck von Adolf Holzhausen in Wien
k. k. Universitäts-Buchdruckerei

Ich widme dieses dritte Heft ‚römischer Bildwerke einheimischen Fundorts in Österreich' den Sculpturen in Cilli. Es wird das letzte Heft sein, welches von meiner Hand kommt, indem Wechsel von Stellung und Wohnsitz und damit neue Arbeitsverpflichtungen mich zwingen, von der Betheiligung an Lösung von Aufgaben zurückzutreten, denen ich als Professor der classischen Archäologie in Wien nicht aus dem Wege gehen konnte. Es ist nur ein Anlauf, äusserst gering im Verhältniss zu dem, was nach so vielen Bemühungen von Vorgängern noch ferner zu thun bleibt, der mit diesen Heften genommen ist. Die endgültige wissenschaftliche Bewältigung des ungemein zahlreichen und, wie wohl diese Hefte zeigen, bisher noch immer nicht genügend bekannt gemachten und erschöpften archäologischen Materials innerhalb Österreichs wird erst auf Grund mehr planmässig angelegter und länger fortgesetzter Aufnahmen gelingen. Hierzu war Einiges auch von mir noch weiter vorbereitet. Zur Publication geeignete Zeichnungen sind mit Unterstützung der kais. Akademie namentlich noch von den plastischen Überresten der alten Flavia Solva (zumeist auf Schloss Seckau bei Leibnitz) und von anderen steiermärkischen Stücken beschafft worden. Sie bleiben zur Verfügung der Akademie. In eigenen Skizzen und Notizen, welche wenigstens als vorläufiger Index nutzbar sein können, habe ich auf wiederholten mit Unterstützung des hohen Unterrichtsministeriums unternommenen Reisen mannigfach verstreute Überreste in Tirol, dem Küstenlande, Krain, Istrien und Dalmatien verzeichnet. Diese Aufzeichnungen verbleiben in Copien dem archäologisch-epigraphischen Seminare der k. k. Universität; denn es steht zu erwarten, dass von diesem Institute aus jene planmässige, erschöpfende Aufnahme des archäologischen Materials in den österreichischen Landen und Nachbargebieten ständig ins Auge gefasst und beharrlich nach und nach durchgeführt werden wird. Hiefür Beiträge zu bringen, ist eine der erklärten Hauptabsichten der seit Kurzem begründeten und an die Thätigkeit des Seminars sich anlehnenden ‚archäologisch-epigraphischen Mittheilungen aus Österreich'. Doch ist es meines Erachtens zu wünschen, dass auch fernerhin heftweise in den Denkschriften dieser Akademie die Publication ganzer Denkmälergruppen, zunächst der von Flavia Solva, so wie einzelner besonders hervorragender Stücke als Etwas über den Rahmen der obengenannten Zeitschrift Hinausreichendes erfolge. Über die letzte Gestalt, in welcher das so zuwachsende Material endlich einmal gesichtet und verarbeitet als ein Ganzes zu vereinigen sein wird, eine Meinung zu äussern, dürfte jetzt noch kaum an der Zeit sein. Doch habe ich den vorläufigen Hinweis auf einen grossen, nur noch schärfer zu gestaltenden Plan schon deshalb nicht ganz unterlassen wollen, weil erst in solchem Zusammenhange auch dieses stückweise Arbeiten der kais. Akademie als ein ihrer Förderung ein für alle Mal würdiges Beginnen empfohlen werden darf.

Dass ich auch in diesem Hefte über Denkmäler von Cilli den Vorarbeiten Mommsens zum C. I. L. III den Nachweis des grössten Theils der von mir benutzten, namentlich handschriftlichen Litteratur verdanke, bedarf für Kundige kaum der ausdrücklichen Erwähnung. Die archäologische Forschung wird immer wieder mit Dank dieses Wegweisers bei ihren Arbeiten sich bedienen. Einige Auszüge und Abschriften, welche nur oder am leichtesten in Graz genommen werden konnten, verdanke ich Herrn Dr. W. Klein. Das Frölich'sche Manuscript Res Celeianae, codd. 189. 190 in der Klosterbibliothek zu St. Paul im Lavantthale, welches Mommsen (auctores Celeiani IV) sah, konnte leider, als ich mich darum bemühte, nicht aufgefunden werden.

Das weitaus bedeutendste unter den römischen Sculpturwerken, welche als Reste der alten Celeia in Cilli verwahrt werden, so bedeutend sogar, dass man ihm den Platz in einem Museum lieber, als seinen heutigen im Gärtchen an der Stadtkirche gönnen möchte, ist der mehrfach sogenannte ‚norische Krieger', die lebensgrosse Statue eines römischen Befehlshabers barbarischer Nationalität. Sie wurde nach mündlicher Mittheilung des Herrn Josef Zangger, pensionirten Schuldirectors in Cilli, gegen den Anfang der vierziger Jahre aus der Vogleina, da wo dieses Wasser vor seiner Ableitung beim Bahnbaue östlich an der Friedhofsmauer der Maximilianskirche vor Cilli hinfloss, hervorgeholt, nachdem sie schon eine Zeit lang den Fischern als ein Hinderniss in der Tiefe sich bemerkbar gemacht hatte. Damals wurde sie zunächst an der Südostecke eines dem genannten Friedhofe gegenüberliegenden Hauses (am Wirthshause des vulgo sogenannten Seppenscheg' Muchar Steiermark I, 371) aufgestellt. Hier erlitt sie auf dem Platze hart an der Fahrstrasse mancherlei grobe Unbill, sie wurde ‚mit Wagenschmiere verunreinigt, der mit einem Stift befestigte Kopf wurde derart abgerissen, dass der Hals in drei Stücke und einige Splitter zerbrach' (Bericht Dorfmann's im Aufmerksamen 10. August 1843). In einer Zeichnung der Figur unter den Eckhel'schen Collectaneen auf dem kais. Münz- und Antikencabinet Heft VII, n. 85 fehlt daher der Kopf ganz. Erst im Jahre 1843 wurde die Statue durch die Fürsorge des Gymnasialpräfecten' P. Hartnid Dorfmann auf ihren gegenwärtigen Platz an der Stadtkirche gebracht, um welche man die meisten römischen Bild- und Schriftsteine durch Gitter geschützt angesammelt hat. Die Kriegerstatue steht südlich vom Chor.

Das Material ist grobkörniger weisser Marmor, wie er sich bei Rutschach und am Bachergebirge findet (Dorfmann), die Höhe beträgt etwa 1·74 M., die Basis ist etwa 0·60 M. breit. Wie die nach Victor Jaspers Zeichnung auf Taf. I. II in Dobys Stiche vorliegende Abbildung[1] zeigt, ist die Figur ziemlich gut erhalten. Ganz verloren, aber vermuthlich schon unter dem Wasser oder noch früher abgescheuert, ist der linke Unterarm; sehr abgestossen sind auch die letzten Reste des Speers, welche nach vorn an dem Bündel zur Linken der Figur kenntlich geblieben sind; verloren ist das Schwert, welches besonders angesetzt war und nur eine Einsatzspur an der linken Hüfte, jedoch ohne Bohrlöcher, hinterlassen hat. Der Kopf war, wie schon erwähnt, einmal abgebrochen,

---

[1] Veröffentlicht war bisher nur eine ungenügende und kleine Abbildung bei Seidl in den Sitzungsberichten der kais. Akad. d. Wiss. 1851, Taf. II, 8. Seidl erwähnt schon 1846 (Jahrb. der Litteratur 115. Band, Anzeigebl. S. 51) als vorhanden ‚das marmorne Standbild eines schwörenden Kriegers'.

die Nase ist verstümmelt und ergänzt, verstümmelt auch der Helmbusch. An diesen Beschädigungen wird die erste Aufstellung der Statue an der Landstrasse die Schuld tragen. Bei der Aufstellung an der Kirche fand eine Ausbesserung statt; damals wird die Nase angesetzt sein, der Kopf wurde mit Zusammenfügung der Halsfragmente neu aufgesetzt. Bei Hyloff (Abbildung aller in Cilli zwischen den Jahren 1810 und 1847 bestandenen und gefundenen römischen Alterthümer, im kais. Münz- und Antikencab., Blatt VII) erscheint der in der erwähnten Eckhel'schen Zeichnung fehlende Kopf daher (1847) wieder. Die Tunica litt etwas bei der Beseitigung der Flecken von Wagenschmiere, indem zu dem Ende ,etwa 1½ Zoll an ihr ausgestemmt wurden'. Der Steinmetz Valentin Höfer machte das im Auftrage des damaligen Stadtbaumeisters. Es ist wahrscheinlich, wenn auch nicht bezeugt, dass damals auch die Basis überarbeitet wurde, und, wenn nicht ihre ganze Gestalt mit vier abgestumpften Ecken und abgeschrägten Horizontalkanten, so doch namentlich auf der Vorderseite die glatten Eckränder und rauheren Mittelflächen erhalten hat. Entschieden antik ist dagegen die gelinde Neigung der Oberfläche der Basis gegen den linken Fuss hin, entsprechend der Bewegung der Figur, die in leisem Ausschreiten dasteht.

Die Waffentracht ist sehr vollständig (vergl. die Relieffigur in Seckau, welche bei Knabl Schriften des histor. Vereins für Innerösterreich I, Taf. IV. 22/52 und bei Muchar Steiermark I, Taf. XVI. unter n. 44. S. 430. 14 mit dem davon ganz zu sondernden Reliefbilde des Flottensoldaten irrigerweise in Eins verbunden ist). Waffengattung und Rang des Dargestellten darnach zu bestimmen, werde ich jedoch nicht unternehmen, da Forscher, welche auf dem Gebiete der bildlich überlieferten römischen Kriegsalterthümer besonders zu Hause sind, solche Bestimmungen beim jetzigen Stande der Kenntniss überhaupt für unausführbar erklären.[1] Auf einen im Commando Höherstehenden weist schon an sich die Errichtung einer lebensgrossen Statue hin; das quer über den Panzer laufende cingulum und die befransten Lederstreifen, welche den Schooss bedecken, sind bestimmtere Einzelabzeichen des Officiers.[2] Die übrigen Theile der Tracht und Waffnung sind weniger bezeichnend; die caligae bestehen aus Sohlen, welche mit Riemen an den nackten Füssen befestigt sind; die Zehen sind deutlich ausgeführt. Über die tunica ist die lorica angelegt, von der die schon als etwas Auszeichnendes erwähnten befransten Lederstreifen herabhängen. Auf der rechten Rückenseite ist die Panzerklappe (Taf. XII, a) deutlich angegeben. Über dem Panzer ist, wie schon erwähnt, das cingulum umgelegt, darüber quer von der rechten Schulter herab das Bandelier (balteus), an dem, besonders angesetzt, das Schwert hing. Über die linke Schulter und den linken Unterarm ist das paludamentum geworfen. Dass der Kopf nicht entblösst, sondern vom Helme mit Busch bedeckt ist, erscheint als ein wohl der Spätzeit zuzuschreibender Realismus der Darstellung (vergl. Hübner a. a. O. S. 17. Berliner Winckelmanns-Programm 1868, S. 15). In der linken Hand ruhte offenbar die Lanze, welche in ihrem oberen freistehenden Theile aus Metall bestanden haben muss; ein kleines Stück ihres unteren Endes ist in halber Rundung von Marmor ausgeführt zunächst der Basis noch erhalten, und weiter hinauf ist die Spur des Schaftes noch bis an den Zipfel des herabhängenden paludamentum deutlich zu verfolgen. So weit lag der

---

[1] Hübner Berliner Winckelmanns-Programm 1866, S. 18.
[2] Albert Müller das cingulum militiae. Programm des Gymnasiums zu Ploen. 1873, S. 20, wo unsere Figur erwähnt wird.

Speer an dem Gegenstande an, welcher der Statue zur Linken als Tronk dient. Diesen Gegenstand weiss ich nicht zu erklären. Es ist ein Bündel, nicht etwa im Einzelnen rundlich wie Rollen heraustretender, sondern auf ihrer Oberfläche platter, länglicher Theile. Über dem breiten Bande, welches das Ganze zusammenhält, ist auf der Vorderseite, halb von dem Lanzenschafte verdeckt, eine wie die phalerae runde Scheibe mit einem Rande und einem Buckel inmitten, angebracht.

Bemerkenswerth ist die Haltung der rechten Hand, gehoben mit eingebogenen zwei kleinsten Fingern, die übrigen ausgestreckt. Das ist nicht, wie man nach neuerer Analogie gemeint hat (Dorfmann a. a. O., Seidl Sitzungsberichte 1854, S. 28, S. A.) der Gestus eines Schwörenden, vielmehr der eines Redenden. *Apulejus metam.* II, 21 (Eyssenhardt): *porrigit dexteram et ad instar oratorum conformat articulum duobusque infimis conclusis digitis ceteros eminus porrigit et infesto pollice clementer subridens infit.* Der Gestus ist in bildlicher Darstellung besonders häufig bei den Figuren Redender auf spätgriechischen Vasenbildern nachweisbar (z. B. bei dem Vortragenden auf der Perservase Monum. dell'inst. IX. Taf. L, 1.1). Näher liegt der Hinweis auf den gleichen Gestus des Declamirenden auf einem Sarkophage Millin gall. myth. XXIV, 76. Auch bei einfachen Portraitbüsten auf römischen Grabsteinen erscheint diese Handbewegung, z. B. Brizio pitture e sepolcri scoperti sull'Esquilino tav. III, 11 und so in Cilli selbst auf dem Grabsteine des Cupitianus (C. I. L. III, 5221) und auf dem des Secundinus (C. I. L. III, 5246). Die Darstellung eines Befehlshabers im Augenblicke der adlocutio an die Soldaten ist bekanntlich durchaus üblich, nur ist hier an die Stelle des sonst frei ausgestreckten Armes eine anscheinend wiederum realistischere Bewegung getreten.

Ein besonderes Interesse gewinnt die Statue endlich dadurch, dass der dargestellte römische Befehlshaber den Gesichtszügen nach unverkennbar ein Barbar ist. Der Schnauzbart und die dicken buschigen Augenbrauen gehören in bekannten Kunstdarstellungen[1] dem keltischen Typus an. Dass es gerade ein Noriker, wie der Fundort nahelegt und wie danach eine einigermassen populär gewordene Benennung annimmt, sein müsse, lässt sich durchaus nicht behaupten.

Schon dieser Umstand, dass der Dargestellte ein Barbar in höherer Charge des römischen Heeres ist, erlaubt nur an die spätere Kaiserzeit als Entstehungszeit der Statue zu denken. Unter den noch wenig zugänglich und übersichtlich gemachten Militärstatuen ist es namentlich die Statue Konstantins auf dem Capitolsplatze (Clarac musée de sculpt. 980, 2527), welche unserer Statue wie in der Waffentracht, so auch in der kurzen Proportion ähnelt. Ich habe zwar das Original auf dem Capitole nicht wieder darauf hin ansehen können. Um die Zeit etwa Konstantins oder, mit Rücksicht darauf, dass wir ein Provincialmonument vor uns haben, noch um ein Weniges früher räth aber auch die Betrachtung des ganzen Kunstcharakters die Cillier Statue anzusetzen. Dass sie nur auf der Vorderseite ausgeführt, auf der Rückseite nicht gerade ganz roh gelassen, aber doch mit nur Wenigem fertig gemacht ist, erlaubt keinen Schluss der Art. Mehr muss etwas Anderes hervorgehoben werden, das indessen nur gegenüber dem Originale genügend wahrgenommen werden kann. Die Gestalt im Ganzen ist gut entworfen; ihr liegt ein seit lange her unverwüstlich durchgebildetes und festgehaltenes

---

[1] Vergl. z. B. Bruno in Annali dell'Inst. 1870, S. 290. Jedoch auch Karl Wieseler die deutsche Nationalität der kleinasiatischen Galater. Gütersloh 1877, S. 15 ff.

Muster zu Grunde; auch die Ausführung des Torso ist, wenn gleich schlicht, doch offenbar auf alter Übung nach guten Vorbildern beruhend. Dagegen ist die Arbeit der nackten Extremitäten, an den Zehen und Fingern, zumal deren Nägeln, auffallend roh. Man sieht eine Kunstübung, die das Verhältniss zur Natur bereits ganz verloren hat. Am allerangenfälligsten tritt das im Gesichte hervor, wo offenbar der Versuch der Portraitbildung gemacht wurde. Dabei gelang es wenigstens, wenn auch nicht das Individuelle, doch das Nationale mit wenigen grossen Zügen zu geben. Brauen und Bart treten als Hauptsache hervor. Die Augensterne sind als ein Kreis mit einem Punkte darin gearbeitet. Die Rohheit des Verfahrens ist aber so gross, dass man das Gesicht, wenn es allein erhalten wäre, vermuthlich für eine mittelalterliche Arbeit halten würde. Es ist ein, von unserem Zeichner verwischter, scharfer Gegensatz zwischen der immerhin noch tüchtigen statua loricata und dem starren Maskengesichte. Der Kopf folgt ausserdem in unserer Abbildung etwas zu sehr der Wendung des ganzen Körpers, am Originale blickt er mehr geradeaus und fällt auch dadurch aus dem Ganzen der lebendig bewegten Gestalt heraus.

Auf Taf. XIII ist als ein weiterer Beitrag zur Sammlung der Darstellungen römischer Krieger der Grabstein des Legionärs Aur(elius) Justinus (C. I. L. III, 5218) gegeben. Der Stein, w. M., 1,18 M. hoch, 0,73 M. breit, ist am sogenannten Antikenthore zu Cilli eingemauert. Die Relieffigur liegt mit ihren erhabensten Theilen in der Fläche des Randes, der Grund ist allmälig gehöhlt hineingearbeitet. Der dreiundzwanzigjährig Verstorbene ist in halber Figur dargestellt, barhäuptig, mit tunica und sagum bekleidet; er legt die ausgestreckten zwei Finger der rechten Hand auf den Knauf des Schwertes, das er in der Linken hält. Hinter ihm ist zu seiner Linken sein Schild, von der Innenseite sichtbar, andrerseits unverkennbar das pilum dargestellt. Die Verbindung der langen eisernen Spitze mit dem Schafte ist als das Charakteristische in der Form dieser Waffe sehr deutlich angegeben. Lamarre behauptet zwar noch in der zweiten Auflage (S. 30) seiner Milice romaine (1870), dass kein Denkmal uns ein Bild des pilum erhalten habe, es genügt aber auf die letzte Besprechung des pilum von Lindenschmit (die Alterthümer unserer heidnischen Vorzeit Band III, Heft 6, zu Taf. V und VII) und auf Genthes Vortrag bei der 33. Philologenversammlung zu Wiesbaden zu verweisen.

Die Errichtung der legio II italica durch Marc Aurel (Cass. Dio LV, 24) gibt den frühesten Zeitpunkt zur Datirung des Grabsteines; die expeditio „daceisca", in welcher Justinus fiel, wird schwerlich genauer zu bestimmen sein. G[rotefend] setzte den Stein gewiss annäherud richtig um den Anfang des dritten Jahrhunderts an (Pauly Realenc. s. v. legio, IV, S. 874).

Zu den an der Stadtkirche in Cilli zusammengebrachten Antiken gehört auch das Relief Taf. XIV B, aus weissem Marmor, etwa 0,66 M. breit und etwa 1,15 M. hoch. Der Stein ist namentlich oben, aber auch an beiden Seiten beschädigt, war jedoch kaum breiter. Spuren einer Verbindung mit anderen Werkstücken sind nicht an ihm wahrzunehmen.

Dargestellt ist ein Sessel, auf dessen Kissen ein Kranz mit Bändern ruht. Der Sessel selbst hat eine eigenthümlich monumentale Form, deren oberer Theil dem eines Bronzesessels in Neapel (W. Smith dictionary s. v. sella S. 847 nach Mus. Borb. VI, 28) gleicht. Auf dem Mittelstücke der breiten Vorderseite des Sitzes befindet sich ein Ornament, in welchem zwei Eroten, von den Hüften abwärts in Pflanzengebilde auslaufend, einander gegenüberstehen. Zwei senkrechte Gliederungen der Vorderseite des Sitzes über den Beinen des Sessels sind mit Weinlaub verziert. Die darüber hinaus nach beiden Seiten ragenden Endigungen tragen jede einen Blitz als Reliefbild. Die Beine des Sessels bestehen unten aus schweren Löwentatzen, über ihnen als tragendes Glied die Figur eines knienden Knaben mit auf den Rücken gelegten Händen. Unter dem Sitze hängt eine am Saume befranste Decke herab. Unten inmitten steht ein auf klauenförmigen Füssen ruhender Fussschemel, auf dessen Vorderseite zwei einander gegenüber stehende Hähne in Relief angebracht sind. Sessel und Schemel stehen wiederum auf einem gemeinsamen Untersatze.

Als der Darstellung nach gleichartig sind hiermit zwei andere Reliefs benachbarten Fundorts zusammengestellt.

Das eine in Pettau (Muchar I, S. 414, a. 1870 im Thurme des Schlosses aufbewahrt), Taf. XIV, A, etwa 1,60 M. hoch und 1,14 M. breit, zeigt einen Sessel von einer im Wesentlichen gleichen Form. Das Mittelstück der breiten Vorderseite des Sitzes ist mit übereinander geschichteten Waffenstücken (Panzer, Schild, Helm) verziert, die Seitenstücke je mit einem der Mitte zugekehrten menschlichen Kopfe. Die Stuhlbeine sind schlecht erhalten, waren aber, wenn auch einfacher, doch ziemlich gleichartig denen auf B. Auch hier ist ein Schemel und auf dem Sitzkissen ein Kranz, in dem ich am Originale eine Gemme zu erkennen glaubte, vorhanden.

Reicher ist das dritte hierhergehörige Relief (Taf. XV, C), 0,84 M. hoch, 1,40 M. breit, welches zu den Fundstücken von Flavia Solva gehörig, im Hofe des Schlosses Seckau bei Leibnitz unter den übrigen Bild- und Schriftsteinen gleichen Fundorts eingemauert ist, und zwar in zwei getrennten Bruchstücken, welche auf unserer Tafel zuerst wieder in ihrer Zusammengehörigkeit dargestellt sind. Knabl in Schriften des histor. Vereines für Innerösterreich 1. Heft, Gratz 1848. Taf. IV. 20 68. XXIII, 117/31 und Muchar Gesch. der Steiermark I, Taf. XIV. 28 und XV, 34 geben sie noch getrennt, ausserdem ungenau, Knabl bezeichnet sie aber im Texte S. 43, 86 bereits richtig als zusammengehörig; seine Deutung auf einen Thron des Mars mit zwei Flamines Martis daneben bedarf keiner Widerlegung.

Der Sessel gleicht hier dem auf B völlig, nur dass die wieder mit hinten zusammengelegten Armen als Träger angebrachten Knabenhalbfiguren statt senkrecht über den Löwenfüssen, vielmehr einwärts neben dieselben in einer Weise gerückt sind, welche den Bau eines solchen Stuhls kaum anders als in Metall ausgeführt zu denken erlauben. Auf dem Sitzpolster liegt wieder ein Kranz, deutlich mit einer grossen Gemme inmitten und mit seitwärts sich schlängelnden Bändern verziert. Das Mittelstück der breiten Vorderseite des Sitzes ist wiederum mit aufgeschichteten Waffenstücken (Helm, Geschosse, Panzer, Schild) in Relief verziert, die beiden Endigungen mit je einem Füllhorne; die senkrecht stehenden Theile zwischen Mittelstück und seitlichen Endigungen zeigen jedesmal Pflanzenornament. Der Fussschemel ist vorn in Relief mit zwei einander zugewandten geflügelten Thieren (Greife? Sphinxe?) verziert. Jederseits von dem Sessel steht ihm zugewandt ein mit der Toga bekleideter, barhäuptiger Mann; der halb zerstörte hielt gewiss wie der vollständiger erhaltene in der gesenkten Rechten einen Doppelstab;

beide tragen geschultert in der Linken die fasces und zwar mit den Beilen. Die bekannten Gestalten der Lictoren.

Dass Beile an den fasces in der Darstellung gemeint sind, leidet für mich keinen Zweifel. Die Beile an den fasces einer Inschrift zu Aix-les-Bains, gefunden in Vivier nahe bei Aix (Allmer inscriptions de Vienne, Atlas 234—26) zeigen dieselbe rechteckige Form, wie mir Otto Hirschfeld nachweist, dessen kundiger Rath mir beim Deuten dieser Monumente nicht gefehlt hat. Wenig anders erscheint das Beil an den fasces auf einem Relief zu Cilli. Dasselbe befindet sich links oben am „Antikenthor" eingemauert, ist nur von einer Leiter aus deutlich zu erkennen und konnte deshalb nicht gezeichnet werden. Es misst etwa 0,65 M. in der Höhe, etwa 0,58 M. in der Breite. Der Rand ist ringsum erhalten, doch gehörte das Relief gewiss zu einem grösseren Monumente und fand dort seine Vervollständigung durch andere zugehörige Reliefplatten. Dargestellt ist ein nach links schreitender barhäuptiger togatus, dessen linke Hand unkenntlich geworden ist, der mit der Rechten die fasces mit dem Beile geschultert trägt. Auf ihn folgt ein in gleicher Richtung ihm nachschreitender Mann in kurzer Tunica ohne weitere Abzeichen, der seine rechte Hand an die linke Schulter des Lictors vor ihm legt. Die fasces sind hier sehr deutlich mit Bändern, die am oberen Ende zu zweien frei herabhängen, umbunden; das Beil ist ohne Stiel an die fasces gebunden, so wie beistehender Holzschnitt zeigt.

Dieselbe Form des Sessels wie auf A, B, C wiederholt sich auf ebenfalls inschriftlosen Reliefsteinen:

D. Im Museo lapidario zu Verona, früher apud basilicam divi Firmi majoris s. Torelli Saraynae Veronensis de origine et amplitudine civitatis Veronae. Veronae 1540. Fol. 43 a. Maffei Mus. Veronense CXVII, 1. Von mir verglichen. Ein Lictor jederseits, die fasces aber ohne Beile.

E. Rom, Villa Casali, Sessel allein, Handzeichnungsconvolut im herzogl. Museum zu Braunschweig Fol. 44.

F. Via Appia. Nach der Ergänzung von Jordan Ann. 1862, tav. d'agg. R, 1. 2.

G. Daselbst, A. a. O. tav. d'agg. R. 3.

Abermals dieselbe Form eines Sessels kommt aber auch in Begleitung von Inschriften vor, aus denen vor Allem das freilich auch ohnehin Anzunehmende hervorgeht, dass alle diese Reliefs Grabmälern angehörten, die dargestellten Sessel aber Ehrensitze sind, welche den Verstorbenen von Amtswegen oder als sonstige Auszeichnung zukamen.

H. Via Ostiensis. Am Grabmale des M. Antonius Antius Lupus, Praetors u. s. w. nebst sechs fasces mit Beilen. C. I. L. VI, 1343.

Hiernach würde wenigstens auch auf C, wo die fasces mit Beilen auf eine curulische Magistratur hinzuweisen scheinen, der Sessel als sella curulis bezeichnet werden können, wie Jordan auch F und G benannte, wenn gleich die Form von der bestbezeugten Form der sella curulis[1] immerhin abweichend sein würde. Nun hat aber bereits Henry de Longpérier[2] auf die Schwierigkeit aufmerksam gemacht, gerade die hier vorliegende eigenthümliche reiche Sesselform mit einem bestimmten Namen ein für alle Mal zu

---

[1] Mommsen römisches Staatsrecht I², S. 381.
[2] Revue archéol. 1868, II, S. 40 f.

bezeichnen. Sie kommt wiederum inschriftlich bezeugt auf Grabmälern nichtcurulischer Magistrate vor:

I. Im Museo lapidario zu Verona. C. I. L. V, 3386. Von mir verglichen. Unter den in der Inschrift genannten Personen ist ein Sevir, den fasces fehlen dem entsprechend[1] die Beile.

K. Daselbst. C. I. L. V, 3392. Von mir verglichen. Ebenfalls Grabmal eines Sevir, die fasces ohne Beile.

Dass aber für den Ehrensitz eines Sevir die Sesselform wiederum nicht constant ist, das beweist der Grabstein des Sevir Sex. Titius Sex. l. Primus aus Suasa (Ann. dell' Inst. 1872, tav. d'agg. F), auf welchem zwischen zwei Lictoren mit fasces ohne Beile nicht ein Tisch, sondern ein Ehrensessel mit einem Kranze darauf und einem Fussschemel davor zu erkennen ist. Dieser Sessel weicht in der Form von denen auf A—K ganz ab, nähert sich vielmehr der des bisellium auf dem Grabmale der Nevoleja Tyche vor Pompeji (Overbeck Pompeji II⁴, S. 31).

L. Der Sessel auf dem Grabsteine des M. Virtius M. F. Ceraunus, Duumvirn von Nuceria (I. R. N. 2096. Abguss im k. Museum zu Berlin Inv. n. 714. 715.) gleicht in der Form wiederum denen auf A—K. Die zwei Lictoren tragen die fasces ohne Beile und die je zwei Stäbe in einer und derselben Hand.

Diese ganze Zusammenstellung soll nur Material für anscheinend noch nicht erschöpfte Untersuchungen über die Abzeichen der Magistrate bieten. Zu dem auch in Münztypen[2] häufig auf Amtssesseln liegenden Kränzen vergleicht schon Chimentelius (bei Graevius thes. VII, 2070) Tacitus Ann. II, 83: *ut sedes curules sacerdotum Augustalium locis superque eas querceae coronae statuerentur*, dort als Ehrenbezeugung beim Tode des Germanicus, und so auf den Reliefs der Grabsteine zu Ehren der Verstorbenen.

Von den auf Taf. XVI um ihrer gleichartigen eigenthümlichen Darstellung willen zusammengestellten Reliefsteinen befindet sich:

A. etwa 0,60 M. hoch und 0,52 M. breit, im Hofe des Wirthshauses zur goldenen Krone. Dort ist der Stein schon lange. Eckhel Collectanea im kais. Münz- und Antikencabinet, Heft VI. n. 99. Heft VII, n. 66 bezeichnet ihn als ‚ad portam Labacensem', Byloff a. a. O. Blatt VII als ‚im Brauhause am Laibacher Thor‘. Ebenso Muchar I, S. 371, Z. 3 v. u. Auf dasselbe Exemplar dürfte eine kindisch gezeichnete Skizze zurückgehen, welche im Cod. bibl. Caes. Vindob. n. 3677 im Anhange der Cronica von Cilli S. 220 über der Inschrift C. I. L. III, 5225 erscheint, mit der Beischrift: ‚bei dem obern Thor von Cilli, wo man gegen Italien reist, rechter Hand ausser des Stadtthors in der Mauer eingemauert'. Ob eine seltsame Angabe bei Mayer Versuch über Steiermärkische Alterthümer 1782, S. 48 f. mit A als eine fabelnde Entstellung zusammenhängt? Es heisst da: ‚Bei dem Laibacherthor ist im Stein ein alter Taurusker zu sehen, mit einer über das Haupt und Körper abhangenden Ochsenhaut und drüber aufstehenden Hörnern, dessen Leib gepanzert, der Schild aber mit einem Stierkopfe bezeichnet ist'.

---

[1] Marquardt röm. Staatsverwaltung I, S. 495, ohne dass aber der von Marquardt vorausgesetzte Unterschied in der Form der fasces selbst wahrzunehmen wäre.
[2] Z. B. Cohen monn. de la rép. XX, 22.

B. Grober weisser Marmor. 0,77 M. hoch, 0,61 M. breit. Im Durchgange des sogenannten Antikenthores eingemauert. Byloff a. a. O. Blatt VII bezeichnet ihn als „nächst dem Antikenthore im Kitlischen Hofraume". Prof. Kittel war der Erbauer des Antikenthores.

Beidemal ist ein vollgerundeter, jugendlich-männlicher Kopf mit Stierhörnern und Stierohren dargestellt. Der Hals, welcher auf A fehlt, zeigt auf B in den Wampen ebenfalls deutlich die Stierbildung.

Von dieser Darstellung des Kopfes eines Stiermenschen ist mir ausserhalb Cilli in Noricum oder angrenzenden Gebieten kein weiteres Beispiel bekannt, als auf dem weiter unten zu erwähnenden Salzburger Mosaikfussboden. In Celeia muss sie aber häufiger gewesen sein. Ein in Eckhels Collectaneen Heft VI, n. 100, Heft VII, n. 68 skizzirtes Exemplar wird dort als „in urce" (Obercilli) befindlich bezeichnet. Ist dieser Ort richtig angegeben, so dürfte schon dieses Exemplar trotz der Ähnlichkeit der Eckhelschen Skizze mit A nicht mit demselben identisch sein. Ferner heisst es im Verfolge der Beschreibung von A in der Cronica von Cilli (a. a. O.): „Ingleichen ist ein dergleichen Kopf in ein Marmorstein eingehaut und solcher in dem Meyerbergerischen Freihaus eingemauert". Dieses Meyerbergerische Freihaus lässt sich, so weit meine Bemühungen reichten, in Cilli nicht nachweisen. Das Haus, an welchem Prof. Kittel das Antikenthor erbaute, ist seit etwa 1770 ein Mosconsches Freihaus. Ich lasse es indessen dahingestellt, ob dieses Meyerbergerische Exemplar besonders zu zählen ist. Ein sicher anderes, also mindestens drittes Beispiel führt aber an:

C. Byloff a. a. O. Blatt VI f. Die Zeichnung zeigt auf der Vorderseite eines Quaders einen jugendlichen Kopf, wie auf B ohne Hals, mit einem auf der rechten unverletzten Seite wohlerhaltenen Stierhorne, nach der Unterschrift: „Bisher bei der Militairkaserne befindlich gewesen, nun nicht mehr vorhanden". Muchar I, S. 371, Z. 7 v. u.

Wahrscheinlicher, als dass die Zeichnung etwa einen Medusenkopf mit Flügeln entstellt hätte, scheint mir endlich noch, dass

D. ebenfalls bei Byloff a. a. O. Blatt VII ein solcher gehörnter jugendlicher Kopf, wieder ohne Hals, gemeint ist, mit der Unterschrift: „am Rathhause befindlich gewesen, nun nicht mehr vorhanden". Es wäre dieses dann wohl dasselbe Exemplar, dessen Hartnid Dorfmann zum Schlusse eines Berichtes über antiquarische Funde in Cilli ddto. 20. August 1847 (St. Landesarchiv in Graz Mscr. n. 2192) als zu Grunde gegangen erwähnt. Dorfmann schreibt: „Ein ehemaliger Bürgermeister, welcher alle Studien unserer höheren Bildungsanstalten durchgemacht und dennoch vier der interessantesten Monumente aus der Römerzeit des Erlöses wegen, den er aus den grossen Steinwürfeln machte, zum Zerhauen hingegeben hat. (Vergl. Muchar I, S. 372, Z. 5 ff. v. o.) Das eine dieser Monumente bezeichnet Dorfmann als „den Mannskopf mit zwei Stierhörnern darstellend, welcher hier öfter vorkommt und über dessen Erklärung noch verschiedene Meinungen bestehen, unter welchen die letzte und erst unlängst zu meiner Kenntniss gelangte: dass er den vergötterten Urahnherrn des Wendenvolks Vindus darstelle und daher keineswegs aus der Römerzeit stamme, wohl die unhaltbarste sein dürfte; denn gegen dieselbe spricht schon der Stein, auf welchem und die Arbeit, in welcher der Kopf ausgeführt ist".

Muchar a. a. O. I, S. 373 (vergl. S. 371) erwähnt auch „das Reliefsgebilde eines männlichen Hauptes mit Stierhörnern", welches sich in Cilli einige Male finde, und ist geneigt darin mit Verweisung auf den *tauriformis Aufidus* bei Horaz. carm. IV. 14. 25

den personificirten Flussgott des Saanstromes bei Cilli zu erkennen. Dieser auch von Seidl (Jahrb. der Litt. 115. Anzeigeblatt S. 31) ausgesprochenen Erklärung habe ich mich in einer vorläufigen Hinweisung (Heroën- und Göttergestalten der griechischen Kunst S. 16) bereits angeschlossen. Dass in Noricum die Bedeutung eines stiergehörnten Menschenkopfes als Bild eines Wassergottes nicht unbekannt war, beweisen unzweideutig die Eckbilder des Salzburger Theseusmosaiks (Arneth archäol. Anal. Taf. VII), wo aus dem abgebrochenen Horne das Wasser herausfliesst. In der griechischen Vorstellung und Kunst war der Typus der Stiermenschen mit verschiedenartiger Zusammensetzung der Theile bekanntlich sehr verbreitet und gerade auch die Darstellung des Kopfes allein als Bild der Wassergottheit Acheloos geläufig.[1] Ob gerade diese Form des von einer Gestalt losgelösten stiermenschlichen Kopfes von der römischen Kunst als eine übliche weitergetragen und so nach Celeia gebracht wurde, kann zweifelhaft erscheinen; jedesfalls erscheint daneben eine andere Hypothese der Erwägung werth. So wie eine den ältestgriechischen Chariten in ihrer ursprünglichen Bedeutung gleichartige mythische Vorstellung bei den Barbaren im Nordwesten des römischen Reiches von der römischen Kunst aufgefasst und in die Darstellung der matres gekleidet wurde, so könnte ein einheimischer Quellen- und Flusscultus in Noricum eine der griechischen gleichartige und vielleicht sogar wurzelverwandte Anschauung von stiermenschlich gebildeten Flussgöttern gehegt, und diese Vorstellung sich in Celeia der römischen Kunst zu den nachgewiesenen Darstellungen geboten haben. Untersuchungen wie die Mannhardts über Wald- und Feldculte sind geeignet hier weiterzuhelfen.

Taf. XVII zeigt das Bruchstück eines Kolossalkopfes von weissem Marmor, etwa 0,55 M. in der Höhe, 0,54 M. in der Dicke und 0,80 M. in der grössten Breite, die Haare mitgerechnet, messend, welches gegenwärtig an der Stadtkirche aufbewahrt wird. In der Cronica von Cilli (Cod. Bibl. Caes. Vindob. n. 3677) heisst es im Anhange S. 223: „An dem Freydhoff gleich bei dem Eingang ist rechter Seiten ein marbelsteinerner Fuss und linker Hand ein dergleichen Kopf mit langen krausen Haar zu finden'. Die Maasse des Kopfes sind in der Cronica nur nach einem ‚beihaffenden Faden', welcher jetzt fehlt, angegeben. Dass überhaupt in einer Arbeit, wie die Cronica, ein Maass angegeben wurde, dürfte auf dem Ungewöhnlichen der Grösse beruhen, und in so fern für die Identität sprechen. Ausserdem nennt auch Maffei (osserv. lett. I. S. 175) in Cilli *innanzi alla maggior chiesa una testa colossale, qual dalla zazzera pare potersi credere fosse d'Apollo, e un piede dell' istessa statua, che cresce di tre piè di lunghezza, con suolea che veste il calcagno, e sul collo del piede si annoda*.' Auch der Anhang der Cronica führt mit ausdrücklicher Verwerfung einer Erklärung als Mars fort: ‚Diese Stuck wohlen von einigen als Stücke von dem Götzenbild Apollinis gehalten werden'. Dafür spricht wohl eine allgemeine Ähnlichkeit mit Apollo-, mehr noch mit Heliostypen. Wir dürfen aber vielmehr einen Kopf vergleichen, welcher in dem Metroon zu

---

[1] Vergl. zuletzt Wieseler über ein Votivrelief aus Megara in Abh. der k. Ges. der Wiss. zu Göttingen XX, S. 20 f. des Separataldruckes.
[2] Muchar I, S. 372, Z. 9 ff. v. o.: ‚Noch vor wenigen Jahren zeigte man in der Stadt Kopf und Schenkel sammt dem Unterfusse eines kolossalen marmornen Standbildes'. Unser Kopf skizzirt bei Eckhel Collectanea Heft VI, n. 97 ohne Grössangabe. Seidl im Jahrb. der Litt. Anzeigebl. B. 115, S. 113. ‚Kolossaler Kopf eines Gottes dem Hane Dea Brontozzi auffallend ähnlich'. Der Fuss war damals wohl schon wie heute abhanden gekommen.

Ostia gefunden, von C. L. Visconti nicht ohne grosse Wahrscheinlichkeit als Attys gedeutet worden ist (Mon. dell' inst. VIII, tav. LX, 4. Ann. 1868, S. 411 f.). Hierauf würde sich die Möglichkeit einer gleichen Benennung für den Kolossalkopf in Cilli gründen. Er würde damit als ein höchst ansehnliches Stück in die Reihe der zahlreichen Zeugnisse für den Kybelecultus auch der nordöstlichen römischen Provinzen treten. Der Kopf von Ostia und der von Cilli stimmen, so weit der ruinirte Zustand des letzteren den Vergleich zu verfolgen erlaubt, in allem Wesentlichen überein. In Bezug auf die charakteristischen Züge der Bildung verweise ich auf die Ausführung von C. L. Visconti a. a. O.[1]

Den in ganzer Figur mit übergeschlagenem Bein und in die Hand gestütztem Kopf ruhend auf sein gekrümmtes Pedum sich lehnenden Attys stellt ein ebenfalls an der Stadtkirche zu Cilli aufbewahrtes Relief dar, das eine Abbildung nicht zu fordern schien. Seidl (Jahrb. der Litt. 115. Anzeigebl. S. 31) erwähnt es als einen Hirten u. s. w. Attys steht in der beschriebenen Haltung, mit tunica, Mantel und phrygischer Mütze bekleidet, in einer Felsnische, neben der jederseits ein Baum, ähnlich einer Platane, emporragt. Auf der einen Seite, links vom Beschauer, ist am Fusse des Baumes und neben dem Ende des Pedums eine Heerde des Attys durch drei sehr kleine Schafe angedeutet. Der plattenförmige Stein misst etwa 1 M. in der Höhe und etwa 0,83 M. in der Breite. Nur auf seiner oberen Fläche sind unzweideutige Spuren der Verbindung mit anderen Werkstücken vorhanden: in der Mitte ein grosses Dübelloch zur Verbindung mit einem nach oben aufliegenden, an den beiden Enden je ein kleineres Klammerloch zur Verbindung mit je einem seitwärts anstossenden Stücke.

Die Ara mit dem Todesgotte mit Schmetterlingsflügeln einerseits (O. Jahn. arch. Beitr. Taf. 3, 2 nach Steinbüchel Wiener Jahrb. XLVIII, Anzeigeblatt S. 101, Taf. 2, 3) und andererseits einem von Wein und Epheu umgebenen, mit übergeschlagenem Beine stehenden, Syrinx und Pedum haltenden Attys befand sich 1870 unweit von Cilli auf einem Meierhofe, dessen Namen ich mir zu bemerken versäumte.

Die übrigen in Cilli noch vorhandenen römischen Bildwerke sind, so weit ich sie selbst gesehen habe, folgende. Sie erforderten hier weder Abbildung noch Besprechung, wenn sie gleich bei einer erschöpfenden Aufnahme aller römischen Bildreste, die eine wissenschaftliche Nothwendigkeit ist, nicht übergangen werden dürfen. Ich zähle nur die auf, welche als ohne Inschrift nicht im C. I. L. zu finden sind, und die dort verzeichneten, zu welchen in Bezug auf das Bildwerk irgend eine kleine Bemerkung zu machen ist.

An der Stadtkirche:
Ein sehr roher Kolossalkopf.
Ara C. I. L. III, 5167. Einerseits deutlich Minerva, andrerseits hält die weibliche Figur aufgestützt keinesfalls eine Fackel; sicher zu benennen vermag ich den speer- oder

---

[1] Dass eine in Bildung und Haltung des Kopfes verwandte Protome von Bronze im Museum zu Parma von E. Braun (Ann. dell'inst. 1840, S. 109 zu Mon. III. XV, 1 richtig als Satyr erklärt sei, muss ich in Abrede stellen.

scepterähnlich langen Gegenstand, dessen Spitze jedoch eher an einen Thyrsos erinnert, nicht.

Zwei, das untere jetzt umgekehrt, auf einander gesetzte Säulenkapitäle.
C. I. L. III, 5231 unter der Inschrift ein hinten in ein Fischgewinde ausgehender Greif.
C. I. L. III, 5251 im Giebel, jederseits von dem ein Delphin angebracht ist, ist mit dem nach vorn gewandten Kopfe die Verstorbene gemeint; in den Ecken des Giebels jederseits ein Vogel gegen sie gerichtet. Dagegen ist

an der Maximilianskirche:
auf dem Grabsteine C. I. L. III, 5219 allerdings im Giebel des Gorgoneion und jederseits vom Giebel ein abwärts gerichteter Delphin deutlich.

Die Pilasterornamente daselbst s. Seidl Sitzungsber. 1854, Taf. II, 1.

Am Antikenthore:
Über dem Thorbogen vermauert, ein sehr roher unbärtiger Kolossalkopf ganz von vorn gesehen. Relief oder Rundwerk? Seidl a. a. O.

Amor und Psyche sich umarmend. Ganz abgemeisseltes Relief. Seidl a. a. O.

Beim Hirschenwirth am Hofthore gegenüber der Inschrift C. I. L. III, 5156 a vermauert, ein grosser Medusenkopf in Relief, ganz uncharakteristisches Gesicht, nur an den Flügeln und den Schlangen oben zu erkennen.